城市轨道交通高质量发展与精细化提升方法和创新实践丛书

城市轨道交通
网络化客流分析方法体系研究与应用

Research and Application of
Urban Rail Transit Netwrok Passenger Flow Analysis Method System

李金海　杨冠华　孙永亮　著
邓　进　丁　漪

人民交通出版社股份有限公司
北京

内 容 提 要

本书针对我国城市轨道交通系统网络化运营需求，探索了城市轨道交通网络模型构建相关技术，提出了针对静、动态客流的分析数学模型和分配方法。针对行业精细化管理和运营安全管理的需要，概括了城市轨道交通客流仿真分析技术，构建了城市轨道交通运力负荷评估指标体系及评估方法。同时，介绍了线网客流分析、票务收入分析、运营组织方案评估、线网运力负荷评估、车站客流仿真等技术的应用实例。

本书可供从事城市轨道交通规划设计和运营管理的专业技术人员参考。

图书在版编目（CIP）数据

城市轨道交通网络化客流分析方法体系研究与应用/李金海等著.—北京：人民交通出版社股份有限公司，2023.12

（城市轨道交通高质量发展与精细化提升方法和创新实践丛书/刘剑锋主编）

ISBN 978-7-114-19282-1

Ⅰ.①城… Ⅱ.①李… Ⅲ.①城市铁路—交通网—客流—分析 Ⅳ.①U239.5

中国国家版本馆 CIP 数据核字（2023）第 255540 号

Chengshi Guidao Jiaotong Wangluohua Keliu Fenxi Fangfa Tixi Yanjiu yu Yingyong

书　　名：	城市轨道交通网络化客流分析方法体系研究与应用
著 作 者：	李金海　杨冠华　孙永亮　邓　进　丁　漪
责任编辑：	董　倩
责任校对：	孙国靖　宋佳时
责任印制：	刘高彤
出版发行：	人民交通出版社股份有限公司
地　　址：	（100011）北京市朝阳区安定门外外馆斜街 3 号
网　　址：	http://www.ccpcl.com.cn
销售电话：	（100011）59757973
总 经 销：	人民交通出版社股份有限公司发行部
经　　销：	各地新华书店
印　　刷：	北京印匠彩色印刷有限公司
开　　本：	720×960　1/16
印　　张：	13
字　　数：	240 千
版　　次：	2023 年 12 月　第 1 版
印　　次：	2023 年 12 月　第 1 次印刷
书　　号：	ISBN 978-7-114-19282-1
定　　价：	80.00 元

（有印刷、装订质量问题的图书，由本公司负责调换）

丛书编委会

顾　问：沈景炎　全永燊　周晓勤　毛保华

主　任：刘剑锋

副主任：王　静　马海红　邓　进

委　员：郭可佳　李金海　范　瑞　张　源

　　　　张亚男　李　芳　杨冠华　陈　琳

　　　　杨　超　廖　唱　李元坤　胡进宝

　　　　王　俊　丁　漪　刘　畅　刘培华

丛书序 PREFACE

沈景炎
原北京城建设计研究总院副院长
原建设部地铁与轻轨中心总工

"十四五"期间是城市轨道交通建设从高速度向高质量发展的关键转型阶段，迫切需要以新理念、新思路来引导做好轨道交通规划设计。针对这些新问题和新要求，丛书的编写人员基于大量实地调研，结合在城市轨道交通规划和设计中的经验总结和技术提炼，将理论技术与工程实践有机结合，对上述重点难点问题进行了研究与解答，对城市轨道交通前期规划设计及后期运营改造均具有较强的指导价值，可为我国城市轨道交通行业向高质量与精细化方向发展提供经验借鉴。

丛书编写委员会在总结我国城市轨道交通发展历程的基础上，全面审视行业发展面临的问题，结合城市轨道交通在新时代的发展要求，围绕"高质量发展与精细化提升"编写了本套丛书。丛书内容涵盖了 TOD 规划、需求预测、交通接驳、效果评估、客流分析、更新改造等多个热点方向，内容丰富全面，论述严谨详尽，同时提供大量参考案例，可为城市轨道交通发展战略及政策决策提供参考与支撑，值得城市轨道交通规划、设计、建设等从业人员参考借鉴。

全永燊
北京交通发展研究院名誉院长

党的十九大和十九届五中全会指出我国已由高速增长阶段转向高质量发展阶段,"高质量发展与精细化提升"将成为我国城市轨道交通未来发展的重点。丛书结合城市轨道交通高质量发展与精细化提升的需求,分别从实施效果评估、既有网络优化、需求预测分析、交通接驳设计、站城一体规划、运行特征分析等方向展开研究,并结合丰富的应用实践总结出可为行业发展提供借鉴的经验,为城市轨道交通高质量发展与精细化提升做出了有益探索。

周晓勤
中国城市轨道交通协会常务副会长

丛书从多个角度深入探讨了城市轨道交通前期研究与规划设计过程中实现高质量发展与精细化提升的措施与方法,整套丛书各分册内容相互关联又自成体系,具有完整的知识结构和较为丰富的内容,既注重介绍基础知识,又能反映研究领域内的创新成果,文字深入浅出,简明扼要。同时,丛书精心安排了大量专业、有针对性的实际案例,实用性较强,可为不同背景的读者提供较好的借鉴和实践指导。

毛保华
北京交通大学中国综合交通
研究中心执行主任
《交通运输系统工程与信息》期刊主编

丛书前言 FOREWORD

经过十余年的快速发展，我国城市轨道交通已运营线路规模不断扩大，在规划、建设和运营等环节积累了丰富的理论基础和实践经验，取得了令世人瞩目的成就。与此同时，我们也面临快速发展带来的诸多挑战，如城市轨道交通未与国土空间同步协调发展、部分老线运力缺口较大、运营管理与乘客服务水平不足等问题。当前，我国已由高速增长阶段转向高质量发展阶段，这要求我们要把城市轨道交通高质量发展摆在更为突出的位置，而高质量发展不只是简单的经济性要求，也不只是单纯的工程技术问题，它涉及在我国国情背景下经济、社会、文化、生态和工程技术的深度融合。毋庸置疑，高质量发展与精细化提升将成为未来城市轨道交通发展的主旋律，这既是行业发展的科学规律，也是时代赋予的使命和要求。

基于上述发展阶段和趋势的判断，我们十分有必要系统总结城市轨道交通发展积累的成功经验和存在的不足，形成理论方法与工程实践相结合的系统性成果，为今后城市轨道交通规划、建设、运营等工作提供指导，支撑城市轨道交通高质量和可持续发展。

丛书编委会结合项目实践经验，围绕新时代发展中的新问题和新要求，分别从城市轨道交通网络实施效果评估、既有网络优化提升、交通需求分析与客流预测、交通接驳及其空间品质提升、轨道交通与国土空间融合发展、网络化运营客流特征分析六个方面展开研究，系统性地提出整套方法体系，并结合丰富的项目成果总结出可供行业发展借鉴的经验和启示，旨在为城市轨道交通高质量发展与精细化提升做出有益贡献！

刘剑锋
2021 年 11 月 10 日

本书前言
FOREWORD

进入 21 世纪以来，我国城市轨道交通高速发展，开通运营城市数量持续增加，建设和运营里程飞速增长，城市轨道交通出行需求持续攀升。城市轨道交通在满足人民群众出行需求、优化城市布局、缓解城市交通拥堵、促进经济社会发展等方面发挥着越来越重要的作用。

客流分析作为城市轨道交通全生命周期内各阶段的基础性工作，对于支撑各类工作开展至关重要。在规划设计阶段，客流分析技术作为客流预测的核心技术，支撑了规划和设计方案的科学制定；在建成运营阶段，客流分析技术为运营组织方案制定、运营及运维业务的开展、客流运行监测等工作提供了客流需求的量化指标；在更新改造阶段，基于客流分析技术又可以进行更新改造方案比选和论证。

在现代化强国和交通强国建设中，加快城市轨道交通实现由高速发展向高质量发展的转变，已成为行业发展的共识。随着网络规模的持续增加和线网结构的日益复杂化，客流需求特征也更加多变，只有全面、精细、精准地掌握客流时空分布特征，才能有效地指导运输计划编制，高效开展运营组织。近年来，为提高轨道交通系统运行效益和乘客出行品质，组织复杂交路运营、线网客流需求协同管控、基于客流需求的运力资源精准投放等新理念、新需求层出不穷，对客流分析技术提出了新的更高要求。狭义的静态客流分析技术已不能满足新形势下智能运输组织业务新需求。系统开展客流分析相关技术研究，探索基于客流需求的精细化管理技术，已成为驱动城市轨道交通高质量发展的基础性工作。

此外，随着运营管理和行业监管部门对客流的认识日益深刻，仅从静态客流需求角度开展的客流分析，已然不能完全满足日常管理需要。在对运营安全的极度重视之下，运营管理和行业监管部门已将视角从对静态客流指标的关注，转向对供给和需求关系的客观评估。运力负荷的分析和评估需求，则进一步对客流的动态化和精细化分析提出了更高要求。与此同时，在新一轮科技革命和产业变革的浪潮推动下，行业信息化建设步入快速发展阶段，基于交通仿真和数字孪生技术的客流监测，已受到众多运营企业的持续关注。借助交通仿真技术进行客流运行规律的深度洞察，以及客流运行态势的实时监测等，也已逐步引起运营和管理部门的重视。

本书作者结合相关工程实践经验，在分析充分考虑行业发展的新理念、新需求、新技术的基础上，研究总结了网络化运营条件下面向精细化运营管理的客流分析系列技术。对轨道交通网络模型、静动态客流分析技术、客流仿真技术、运力符合负荷评估技术等进行了探索和概括分析。本书共6章，第1～3章由李金海撰写，第4章由李金海、孙永亮、丁漪撰写，第5章由杨冠华、李金海、邓进撰写，第6章由李金海、杨冠华、孙永亮、邓进、丁漪撰写。全书由李金海统稿。

本书在编写过程中得到了北京城建设计发展集团股份有限公司刘剑锋教授级高级工程师和北京交通大学毛保华教授、梁肖副教授的大力鼓励和热情指导。北京交通大学硕士研究生习喆、冯懿琳等参加了本书资料收集工作。在此向上述人员一并表示诚挚的谢意！

由于作者水平有限，书中难免存在不妥或错误之处，真诚希望广大读者提出宝贵意见。

作　者
2023年8月

目 录
CONTENTS

第 1 章　绪言

1.1　概述　/ 3
1.2　客流分析的关键问题　/ 4
1.3　客流分析的必要性及作用　/ 5
1.4　小结　/ 7

第 2 章　城市轨道交通网络模型

2.1　交通网络及城市轨道交通网络　/ 11
2.2　城市轨道交通网络要素　/ 12
2.3　城市轨道交通网络有效路径　/ 15
2.4　交通有效路径搜索的方法　/ 18
2.5　小结　/ 25

第 3 章　城市轨道交通网络客流分配技术

3.1　概述　/ 29
3.2　出行路径选择行为分析　/ 29
3.3　基于 SP 调查的路径选择行为研究　/ 33
3.4　Logit 模型的标定和检验　/ 36
3.5　静态客流分配　/ 40
3.6　动态客流分配　/ 45
3.7　小结　/ 52

第 4 章 城市轨道交通客流仿真技术

4.1 城市轨道交通系统仿真 / 55
4.2 客流仿真模型及软件 / 58
4.3 离散事件仿真建模 / 60
4.4 连续系统仿真建模方法 / 76
4.5 车站动态客流连续仿真模型 / 86
4.6 小结 / 96

第 5 章 城市轨道交通运力负荷评估技术

5.1 概述 / 99
5.2 评估对象与范围 / 99
5.3 指标体系 / 103
5.4 线网、线路评估方法 / 107
5.5 车站评估方法 / 110
5.6 小结 / 128

第 6 章 应用案例

6.1 线网静态客流分析应用实践 / 131
6.2 网络化运营票务收入分析应用实践 / 141
6.3 复杂网络运营组织方案客流分析与评估 / 151
6.4 线网多层次运力负荷评估 / 171
6.5 车站客流运行及疏散仿真评估 / 180

参考文献

第1章

绪言

1.1 概述

城市轨道交通系统是指采用专用轨道导向运行的城市公共客运交通系统，包括地铁系统、轻轨系统、单轨系统、有轨电车系统、磁浮系统、自动导向轨道系统、市域快速轨道系统等。城市轨道交通是大城市公共交通系统的骨干，是建设现代城市的重要基础设施，在引领和支撑城市发展、满足人民群众出行、缓解交通拥堵、减少环境污染等方面发挥着重要作用，已成为大城市人民群众日常出行重要的交通方式和城市正常运行的重要保障。

近20年来，我国城市轨道交通系统的建设取得了跨越式发展，已成为世界范围内城市轨道交通发展速度最快、发展规模最大、拥有城市最多的国家。交通运输部发布数据显示，至2023年7月，31个省（自治区、直辖市）和新疆生产建设兵团共有54个城市开通运营城市轨道交通线路296条，运营里程9743.5km。运营线路数量超过5条的网络化运营城市已达23个，运营线路超过3条的城市则达32个。与此同时，仍有部分城市同步进行已批复项目的建设和新一轮建设规划的报批。

随着城市轨道交通线网规模的不断扩大，运营组织形式日趋多样化，客流需求的时空分布不均衡性特征日益凸显，运营安全和服务质量面临新的挑战。主要体现在：

（1）从系统内部需求来看，在系统的网络化进程中，既有线客流需求的逐步培育成熟和线网可达性的逐步提高，使得线网客流特征更难以精准掌握。客观上要求从网络化运营视角研究乘客出行行为机理，突破传统以车站和线路为单元的城市轨道交通运行组织和管控方法，提出面向网络运行优化与效能提升的有关技术。

（2）从系统外部需求来看，城市轨道交通是城市交通走廊乃至交通系统重要的通勤交通方式，客流需求的时空分布不均衡性特征显著。我国特大城市、大城市普遍存在职住分离严重、通勤出行集中的特点，城市轨道交通早晚高峰2小时客运量约为全日客运总量的25%～35%。如何围绕客流的动态需求，有针对性地提供精细化的运营组织方案，已成为提升运服务质量和运营绩效的重要任务。

（3）从运营安全需求角度来看，随着出行需求的不断攀升，城市轨道交通安全运行压力日趋加大，城市轨道交通安全保障难度越来越大，对提升行业管理水平提出了新的更高要求。无论是从政府行业安全监管角度，还是从运营企业安全管理角度来看，全面掌握各个层次客流需求，准确评估城市轨道交通运力供给与需求匹配状况，成为运营组织工作的基础性工作。

（4）从乘客出行需求角度来看，在城市轨道交通线网规模化发展的同时，乘客出行需求也日趋多样化，对高品质出行体验的期望也越来越高。精准把握出行需求已成为运营提质增效和服务质量提升的焦点工作。

网络化运营阶段供需所呈现的新特征，对运营组织提出了一系列新的要求。把握网络运营的主要客流指标特征，揭示网络化条件下客流的运行机理及其时空分布规律，洞察城市轨道交通系统供需互动关系，对于网络化运营组织的开展尤为重要。

1.2 客流分析的关键问题

狭义的客流分析是指通过特定的数据采集手段和分析方法，分析获得特定时段内城市轨道交通系统网络、线路、站点的主要客流指标。如我国主要城市轨道交通系统均已实现了基于自动售检票系统（Automatic Fare Collection，AFC）票务数据的客流清分统计。其主要成果包括分时段的进出站量、换乘量、客运量、乘降量等指标。狭义的客流分析主要服务于日常运营组织的宏观决策。

相较于狭义的客流而言，广义客流分析的研究内容则更丰富，包括静态客流分析、动态客流分析、客流仿真分析、运力分析与评估等。

（1）静态客流分析。

静态客流分析即为狭义客流分析的范畴，用于解决宏观客流指标的统计分析，支撑票务统计分析和运营组织计划编制。由于历史原因，我国静态客流指标在一定程度上是服务票务统计而生的副产品，因其重点关注线路和网络客流宏观规律，所分析的时间粒度较粗，通常以 15min 和 30min 指标统计粒度最为常见。其空间维度或时空多维度分析的精细化程度则更低。

（2）动态客流分析。

动态客流分析则是在网络化客流分析时，聚焦于乘车人和列车的时空关系。与静态客流分析相比，动态客流分析可精细化揭示全网客流和车流的时空特征，以及二者之间的交互规律。动态客流分析已成为运营管理精细化提升的基础性工作。

（3）客流仿真分析。

客流仿真分析按照研究对象可分为线网客流宏中观仿真和车站客流微观仿真两类。其中，宏中观仿真以线网和列车为研究对象，以动态客流分析技术为驱动，可分别基于历史数据、实时数据和预测数据，进行历史运行态势再现、基于客流实时监测和运行态势预测；微观仿真则以车站客流仿真为基础工作，通过行人仿真的技术手段，进行车站客流仿真分析。

（4）运力分析与评估。

运力分析与评估是随着近年来客流分析技术发展和精细化管理需求应运而生的新技术点。精确掌握城市轨道交通运营统计数据是行业精细化管理的基础。然而在城市轨道交通线网、线路、车站层面，虽然运营统计指标众多，但大多指标只能单方面反映客流需求、供给能力单方面的运营特征，或者只能反映线网、线路局部运营特征，缺少综合、准确评估线网、线路、车站层面运力负荷的指标。面对城市轨道交通运营大客流常态化及其对运营安全带来的压力，针对传统以服务票务统计为主要目的的客流分析在刻画系统运力方面的不足，亟须建立一套系统化评估运营压力负荷的方法体系，以支撑行业管理、政策制定、运营公司精细管理和服务水平提升等。

1.3 客流分析的必要性及作用

从线网层面来看，城市轨道交通客流具有集散量大、密度大、时空不均衡等特点。进入网络化运营之后，换乘节点规模增大，乘客出行路径选择更为多样，运输组织措施也更加复杂，如何掌握路网客流演化规律，从而为城市轨道交通线路或车站的功能定位及进一步的规划设计提供辅助决策建议，是提高城市轨道交通规划设计水平的重要基础。

而从车站层面看，车站个体的规划、设计、建设，以及现场组织水平将直接影响到城市轨道交通系统的安全、效率、服务质量。由于种种原因，我国部分车站的规划设计和运营需求之间明显存在衔接不足的问题，造成车站投入运营后出现空间布局不合理、集散能力不足、设备设施利用不均、客流组织困难等问题。通过研究车站客流特征，发掘车站规模、结构、设备设施配置等与客流需求之间的规律，则对指导车站运营具有重要的现实意义。

客流分析的作用体现在：

（1）指导规划设计。

通过不同发展阶段的线网、车站客流数据分析，掌握不同功能定位或土地利用性质的城市轨道交通线网客流生长规律，从而为未来其他城市大规模的线网规划和建设提供依据。此外，通过车站客流数据分析，研究掌握车站规模、车站结构、设备设施配置与车站客流之间的耦合规律，以及车站客流增长的影响因素（如人口、岗位、车站区位、土地开发强度等），可指导车站的空间布局设计，以保证投入运营后车站能更好地适应实际客流。最后，通过分析新线开通后既有线路客流变化、新线客流成长规律，也可为后续开通线路的运营前期准备及运营初期客流组织提供建议。

（2）为运营组织提供定量化支撑。

掌握客流需求分布结构及分布状态是合理编制运输计划、开展列车运行控制和客运组织的基础。准确刻画网络中乘客出行的复杂选择行为以及乘客与列车之间的时空耦合关系，是实现客流-车流协同管控的核心。得益于票务清分有关技术支持，我国城市轨道交通行业已实现主要客流指标的"T+1"制的静态统计，但有关方法存在时效性差、精度不高、维度不够等问题，并不能满足精细化管理的需要。此外，由于缺少精确的运力负荷评估指标，实际运营管理中不得不采用数据加专家经验的管理模式，如车站限流方案的制定、突发事件下的满载率控制、车站精细化管理等往往依赖专家经验判断，无法实现真正的精细化管理。深入研究复杂运营网络条件下的客流分析基础理论，揭示客流的时空动态演变机制，可为运营组织提供精准的定量化支撑。

（3）指导基础设施优化改造。

随着越来越多城市运营线网规模的不断扩大，城市轨道交通线网客流快速增长，客流时空分布不均衡性日益突出，设施设备服务压力骤增，乘客对高品质出行的期望也越来越高。在城市轨道交通由"高速度"发展向"高质量"发展转变时期，如何准确识别城市轨道交通既有设施存在的问题、提出既有设施优化提升建议、判别既有设施改造时序，进而形成系统性的既有设施优化提升规划方案，已成为城市轨道交通行业发展的一项重要任务。通过对系统多维度客流指标的静动态挖掘和仿真分析，科学评估现有基础设施存在的问题以及优化方向，对于支撑城市轨道交通高质量发展、提升规划管理水平和运营服务水平是十分必要和迫切的。

（4）服务智慧城市轨道交通建设和城市轨道交通数字化转型。

客流特征和规律的深度挖掘和洞察，是智能运输组织的核心，也是实现数字城市轨道交通的基础性工作。从系统工程学角度研究车辆、乘客、环境要素的状态演化机制，实现基于数据驱动的系统运行监测和分析，可服务城市轨道交通运营数字化转型，促进网络运行优化与效能提升。

（5）支持交通管理政策制定。

通过分析交通管理措施（车站限流、票制票价调整、小汽车限行等）实施对交通车站、线路、网络客流指标的影响，定量评估其影响程度和变化规律，可为交通管理政策制定条件下的运营管理和客流组织提供建议。

1.4 小结

城市轨道交通系统是一个由乘客、列车、基础设施等要素构成的复杂系统，理解和掌握该系统中各要素的动态演变机理，是精准开展运营组织管理的关键任务之一。由于城市轨道交通基础设施建设阶段对精细化管理的认识和技术储备不足，我国城市轨道交通运营组织决策仍以定性分析和经验判断为主。已进入网络化运营的城市轨道交通系统普遍存在供需矛盾突出、安全风险严峻、发展质量不高、智慧化水平较低等问题。

针对现有相关理论和技术方法难以准确刻画系统各要素及要素间时空运行规律的问题，亟须突破以静态客流分析为基础的现有方法体系，从系统工程学角度研究车辆、乘客、环境要素的状态演化机制，实现基于数据驱动的系统运行态势监测和仿真分析。通过推进相关技术的工程应用，服务城市轨道交通运营数字化转型，促进城市轨道交通网络运行优化与效能提升。

第 2 章
城市轨道交通网络模型

第2章 城市轨道交通网络模型

由于我国城市轨道交通在规划和建设阶段采用分阶段、分批次、分线路逐步实施的原则，客流分析乃至运营组织工作往往以线路为基本单元。例如，静态客流分析中主要统计某线路的客运量、换乘量、客流强度等指标，运输组织方案的制订也多围绕个体线路开展。然而，在网络化运营条件下，客流时空位移本质上依赖于运输组织方案，特别是在跨线运营条件下，以线路个体为研究单元的统计方法已不能满足客流分析需求。本章考虑跨线运营等复杂运输组织条件下客流分析的需求，讨论城市轨道交通网络构成及其要素。

2.1 交通网络及城市轨道交通网络

交通网络由基础设施网络、供给网络、需求网络构成。其中交通基础设施网络由提供交通服务的物理节点（如交通枢纽、站点等）和物理线路（如道路、铁道线路等）组成。供给网络则是在交通基础设施的基础上，由交通供给方开展运输组织而形成的服务网络（如公共交通线路、铁路运输班线、航空班线等）以及提供运输服务的配套节点共同组成。为完成特定时空位移，交通参与者根据自身条件，选择基础设施网络或供给网络完成一系列交通活动，从而形成了复杂的交通需求网络。

城市轨道交通网络是复杂交通系统中比较特殊的一类网络。其基础设施网络涵盖节点数量较少，网络复杂度、节点可达性远低于道路交通和常规公交网络。因城市轨道交通系统基础设施网络的特殊性，系统灵活开展运输服务的能力有限，系统供给网络的复杂度也较低。城市轨道交通网络自身的特点决定了其交通供给和需求的特殊性。这些特点包括：

（1）基础设施网络层面。

换乘站点往往相对固定，只有在特定的车站可以实现换乘，这就决定了对应供给网络的可达性较低；不同线路采用的技术标准和配套装备等方面可能存在较大差异，在一定程度上制约了运营组织的灵活开展。

（2）供给网络层面。

我国城市轨道交通系统的规划和建设普遍采取分批次、分线路、相对独立的实施方案，在规划和建设阶段对组织"跨线运营""互联互通"等复杂运输组织形式的考虑普遍较少。因此，现阶段我国城市轨道交通系统供给网络中的各线路运行相对独立，跨线运行的组织形式鲜见，共线线路也较少。此外，由于运营相对独立，受外部交通环境干扰极小，列车旅行时间可靠性较高。

（3）需求网络层面。

就出行需求而言，城市轨道交通有别于城市道路交通的最大特点是，大部分城市轨道交通乘客在进行出行交通方式选择时，会同步进行出行路径的选择，而且一旦乘客确定以某种换乘路径出行，其发生路径切换的概率往往极小。对于对网络较熟悉的乘客（如通勤乘客等），该特点更为明显。而道路交通出行则因其灵活性，出行者的时空分布特征更具不确定性。

2.2　城市轨道交通网络要素

2.2.1　基础设施网络要素

本书所提城市轨道交通网络模型中，基础设施网络由物理车站集合S和物理区间集合SEC组成，即$I = (S, \text{SEC})$。

（1）物理车站。

车站是乘客在城市轨道交通系统进行集散和换乘的载体。车站一般设在客流量集散地或者方便与公交线网换乘接驳的地段，综合考虑该地段地下管线、工程地质、水文地质条件、地面建筑物的拆迁及改造的可能性，站间距设置的要求等情况合理选定。车站一般设有站厅、售票厅、站台、车站办公附属设施等，并备有乘降设施、售检票设施以及其他服务设施。其规模一般由日均乘降客流量和高峰小时客流量的大小综合确定。

本书所提网络模型中，将承担客流集散或者运行交路间客流交换功能的车站定义为一个物理车站，如图2-1a）和图2-1b）所示，分别为服务2个和4个交路客流集散与换乘的物理车站s_m和s_n，$s_m \in S, s_n \in S$。其中s_n为换乘车站。

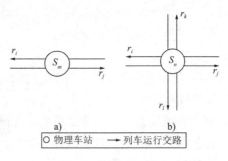

图2-1　物理车站示意图

（2）物理区间。

区间是城市轨道交通网络骨架的重要组成部分，是承载乘客空间位移的基础设施。本书所提轨道交通网络模型中，将连接两个物理车站的有向行车区间定义为物理区间。如图 2-2 所示，$\sec_m$ 和 $\sec_{m+1}$ 为列车运行交路 r_j 和 r_i 上连接物理车站 s_m 和 s_{m+1} 的两个有向区间。

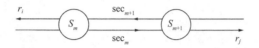

图 2-2　物理区间示意图

需要注意的是，在某些交通网络中，物理站点之间可能存在多个物理区间的情况。例如，在 2021 年的北京市城市轨道交通网络中，四惠和四惠东两个物理车站之间有 1 号线"四惠—四惠东"区间和八通线"四惠—四惠东"区间，在基础设施网络模型中，上述两个区间被视为两个不同的物理区间。

2.2.2　供给网络要素

供给网络是在基础设施网络的基础上，通过结合出行需求组织开展运输活动而形成的网络。

（1）开行方案。

列车开行方案是列车运行图编制的基础，由列车编组方案、列车交路方案和列车停站方案三部分组成。其中，列车编组方案规定了列车的编组数，列车交路方案规定了列车的运行区间和折返车站，列车停站方案则规定了列车的停站模式。

（2）列车运行图。

列车运行图规定了列车的区间运行时间、车站到发时刻、车站停站时间、运行交路、折返条件等信息，是开展运行组织的基础性文件。其制定实际上是依照列车开行方案，并根据线路和站场的实际能力进一步细化所停站点的到发时刻，同时得到列车的实际车底运用计划的过程。

列车运行图本质上是列车运行的时间与空间关系的图解，建立了车站、列车、乘客之间的时空关系网路，是运输供给时空分布的具体体现。

（3）换乘条件。

换乘条件使得乘车需求在不同运行交路之间实现切换。当 $\phi(s,r_i,r_j) = 1$ 时，交路 r_i 和交路 r_j 在物理车站 s 可实现换乘；当 $\phi(s,r_i,r_j) = 0$ 时，交路 r_i 和交路 r_j 在物理车站s不可换乘。

2.2.3 需求网络要素

从微观角度来说，需求网络由乘客进站、车站服务（安检、购票、候车等）、乘车、换乘、出站等系列需求链构成。

（1）进、出站。

进站需求是出行需求与城市轨道交通供给网络建立联系的起点，也是系统内部客流需求分析的起点。出站则是乘客接受系统内部服务后，在供给网络内的终点。目前，国内各城市轨道交通系统均已实现了进、出站的自动售检票，票务交易数据可精准记录乘客出行需求的起讫时空信息。

（2）车站服务。

乘客在进入车站潜在的服务需求包括购票需求、安检需求、检票需求、候车需求等。在不同尺度的需求分析或仿真模型中，对上述需求的刻画可能有所不同。在进行宏观交通需求预测和特征分析时，重点考察乘客出行的起讫点特征，对于车站内部的服务需求则往往不予考虑。而在进行微观特征建模时（如车站客流监测、仿真分析、短时预测等），车站服务需求则会被细化，以期精准刻画乘客在车站的交通行为特征。

（3）乘车。

在进行静态客流分析时，乘车需求主要体现在乘客出行路径的选择方面。而在进行动态客流分析时，乘车需求除受到乘车舒适度、乘车时间等因素的影响外，主要受列车到站等供给网络服务条件的影响，乘车需求呈现出高度随机性。此外，由于乘客时空位移依赖于运载工具的空间位移，在进行乘车需求的微观分析时，需要重点考虑到乘客与列车之间的时空交互关系。

（4）换乘。

换乘需求是出行需求在供给网络要素之间转换的体现。在道路交通出行中，出行者可以通过预判道路交通运行条件，实时决定出行路径是否改变。而受限于城市轨道交通供给网络的可达性较差，乘客在进入供给网络时即完成了出行路径的决策。换乘需求则随乘客出行路径决策同步确定。

2.2.4 网络模型

如前所述，用于需求分析的城市轨道交通网络模型是由基础设施网络、供给网络、需求网络共同组成的复杂网络。其中，基础设施网络决定了线网物理骨架；供给网络是运营组织方围绕客流需求，在基础设施网络之上依照某种运输组织规则形成的服务网络；需求网络则是出行者群体依赖特定交通供给条件，在实现各自出行需求目的的过程所组成的复杂网络。

图 2-3 为简单基础设施网络、供给网络、需求网络三者之间的关系示意。该例中，基础设施网络由 3 条线路和 12 个物理车站构成，供给网络由 4 条交路组成（其中，交路 2 为跨线运行的复杂交路），个体在一次出行中，经 3 次乘车到达终点站。

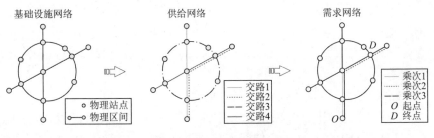

图 2-3　网络关系示意图

2.3　城市轨道交通网络有效路径

路径计算问题是交通流分配中最基本也是最重要的问题。一方面，常用的交通分配问题，都将路径计算视为交通流分配的前置条件。另一方面，路径计算方法直接影响到交通流分配的效率和准确性。城市轨道交通网络作为一类简单交通网络，其有效路径集的确定也是进行网络静态、动态客流分配的前提，路径集的可靠性也直接决定了网络客流分配结果的准确性。

在一次出行中，出行个体可通过一个或多个路径由起点 O 到达目的点 D，即对于特定 OD 对，总存在若干条可行的路径。对于理性的出行选择而言，出行者总是考虑自身效用最大化，力图在上述路径中选择使自己效益最大的路径。受出行个体属性、路径属性等因素的影响，不同出行者对相同路径出行效益的认识也存在差异。但是从总体上来讲，某一 OD 之间出行者路径选择的结果较稳定，一般集中在为数较少的若干条路径上。这些常被采纳的路径都比未被出行者采纳的出行方案有更小的成本（时间成本、货币成本等），该类路径被称为有效路径。

对于常规公共交通或私人交通出行而言，出行线路的可选择性、线路之间的共线性、出行主体的差异性等，共同决定了出行可选择路径的多样性。一般情况下有效路径可能为数众多，对于大规模交通网络来讲，有效路径的搜索将是非常复杂的工作。与常规公共交通或私人交通出行不同的是，城市轨道交通供给网络结构简单，可供换乘的站点较少，乘客路径选择的余地较小。此外，城市轨道交通旅行过程受外界影响较小，出行路径选择的随机性因此也较小。而乘客在出行决策阶段一旦确定采用特定出行方案后，将不会轻易改变出行路径。因此，网络出行有效路径一般都比较固定。

有效路径在交通领域的应用最早是为解决随机交通分配而提出的。在对交通网络流量分配研究的过程之中，不同研究对有效路径的定义有所不同。如李志纯，黄海军研究了无环简单路径的寻求方法和无环简单路径集上的随机交通分配问题，重新定义了有效路径。认为OD对(r,s)之间的路径k被称为有效路径，必须满足两个条件：

（1）路径k是无环简单路径，即通过同一路段不多于一次。

（2）路径k的费用c_{rs}处在最短路径费用$c_{rs}^{\min}$的$(1+H_{rs})$倍以内，即$c_{rs} \leqslant c_{rs}^{\min}(1+H_{rs})$。其中$H_{rs}$是被称作伸展系数的非负常数，文献认为城际研究取值可为1.6，而城市内的研究可在[1.3,1.5]之间取值。

四兵锋、毛保华提出了基于深度优先遍历的城市轨道交通网络有效路径搜索算法，利用相对阈值和绝对阈值两个值来判别有效路径。该方法定义了相对阈值$f_{\max}^{(1)}$和绝对阈值$f_{\max}^{(2)}$，认为当某条路径k的费用同时满足$c_{rs} \leqslant c_{rs}^{\min}\left(1+f_{\max}^{(1)}\right)$和$c_{rs} \leqslant c_{rs}^{\min}+f_{\max}^{(2)}$时，路径$k$为有效路径。

上述研究中对有效路径的定义是在对城市交通网络研究的基础上给出的，为轨道交通网络客流分配提供了可借鉴之处。但是，城市轨道交通网络由于其结构和路径选择的特殊性，对其有效路径的严格定义对于路径搜索算法和流量分配具有重要意义。

城市轨道交通网络出行路径选择常常是在诸多因素共同作用下做出的。从路径选择行为逻辑角度分析，理性出行的有效路径除满足相对阈值和绝对阈值约束外，还具有以下特点：

1）途经交路

研究表明，路径选择主要受旅行时间、换乘次数等因素影响。在不含环形和半环形交路的交通服务网络内，乘客出行势必会选择换乘次数相对较少的路径出行，一般不会先后多次换入换出某一行车交路，其有效路径途经交路不重复。如图2-4所示，假定乘客从O站出发前往D站，按照合理的择路原则，该乘客倾向于选择路径$O-T_1-T_3-D$出行，而非两次经过交路r_1的路径$O-T_1-T_2-T_3-D$。

第 2 章 城市轨道交通网络模型

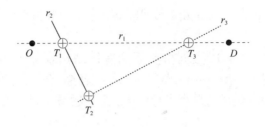

图 2-4 无环网络有效路径途经交路不重复示意图

受线路走向、布设形式和运营网络状况的限制，交通供给网络往往含有环形或者半环形行车交路。该类供给网络的有效路径则会出现途经交路重复的情形。如图 2-5 所示，在含有半环形线路的简单网络中，某乘客可能采用路径 $O-T_1-T_2-D$ 两次经过交路 r_2 自 O 站出发到达 D 站。

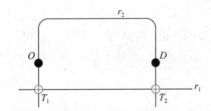

图 2-5 含环形、半环网络途经交路重复示意图

2）途经站点

在线路不重复条件下，有效路径中所有途经站点均不重复。如图 2-6 所示路径 $O-T_2-T_4-D$ 不属于有效路径，乘客会在第一次经过点 T_3 时就进行换乘。站点不重复的原则也证明了有效路径不会存在环路的问题。如果有效路径存在重复站点，则该路径必定存在环或者"走回头路"，这显然是不合理的。

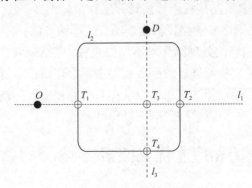

图 2-6 途经站点不重复示意图

基于上述分析，在借鉴部分文献研究的基础上，将城市轨道交通网络有效路径定义如下：

定义：对于站点对 OD 之间由一系列有序站点 $s_o, s_k, \cdots, s_d$ 构成的路径 $p = (s_o, s_k, \cdots, s_d)$，若 $R = (r_1, r_2, \cdots)$ 为路径 p 的乘车交路集合，c 为路径 p 的出行费用，$c^{\min}$ 为站对 OD 间所有路径的最小出行费用。当下述条件同时成立时，p 为站对 OD 间的有效路径：

（1）相对约束：对于某一确定正数 $f_{\rm rel}$，$c \leqslant c^{\min}(1 + f_{\rm rel})$；
（2）绝对约束：对于某一确定正数 $f_{\rm abs}$，$c \leqslant c^{\min} + f_{\rm abs}$；
（3）乘车交路不重复：$\forall r_k, r_l \in R$，当 $k \neq l$ 时 $r_k \neq r_l$；
（4）乘车站点不重复：$\forall s_k, s_l \in p$，当 $k \neq l$ 时 $s_k \neq s_l$。

上述命题中，条件（1）、（2）可进一步记为：

$$c \leqslant \min(c^{\min}(1 + f_{\rm rel}), c^{\min} + f_{\rm abs})$$

本定义中，条件（1）、（2）的约束取决于参数 $f_{\rm rel}$ 及 $f_{\rm abs}$。条件（3）对于确定无环网络中有效路径是充分必要条件，而对于含环形或半环线路的网络则不一定适用。

2.4 交通有效路径搜索的方法

有效路径的确定是合理分配流量的基础。目前城市轨道交通网络有效路径搜索算法已有若干研究。其中大部分都借鉴城市交通网络有效路径搜索的算法，如 Dial 算法、K 短路径搜索法、深度优先遍历算法等。上述方法并未考虑到轨道交通网络的特点，其搜索结果普遍存在漏选、多选等问题。如 Dial 算法可能遗漏含环形网络的有效路径。K 短路径搜索算法计算工作量较大，一般仅适用于 $K \leqslant 3$ 的情况，对于大规模交通网络有效路径搜索则不宜选择该方法；同时，K 短路径搜索法与 Dial 法对于带环网络的处理结果均不尽如人意，其结果常常包含明显不符合实际的环状路径，往往容易漏选有效路径或多选不合理路径。针对上述问题，本书借鉴了既有有效路径搜索算法思想，以前述有效路径定义为基础，提出了广度优先遍历的搜索算法，并对有效路径的判别标准做了研究。

2.4.1 图的遍历和广度优先搜索

图的遍历是运筹学、交通工程等学科中很多研究的理论基础，其算法也有很广泛的应用。图的遍历要求从某一指定的顶点出发，通过弧（或边）之间的相互关系，从一个顶点到另一个顶点，最后达到指定的某一顶点。按照图遍历的方向，可将遍历算法分为"深度优先搜索（DFS）"和"广度优先搜索（BFS）"。深度优先搜索是自起点出发，搜索其邻接节点并按一定规则确定下一步搜索节点以持续深入搜索，直至搜索到目的顶点为止。广度优先搜索则是自起点开始搜索，依次确定当前搜索节点的所有邻接点作为下一步搜索的顶点集合。然后重复上述步骤遍历上述顶点集合，直至搜索到目的顶点为止。本质上讲，广度优先搜索是以顶点为起始点，由近至远依次寻找并访问其邻接顶点的循环搜索过程。

2.4.2 基于广度优先的搜索算法

乘客出行路径选择过程本质上是乘客对换乘节点及乘车交路的决策过程，而换乘节点的决策则直接影响到乘客对乘车交路的选择。因此，本书所提广度优先搜索以换乘节点搜索为核心，在进行搜索遍历前，将供给网络抽象为仅含有搜索起讫点以及换乘节点的简单网络，进而考虑有效路径的定义，通过广度优先搜索算法，逐步确定连接起讫点的换乘站点以及行车交路。

便于模型的描述以及关系的刻画，对相关变量予以如下定义：

$N = (S, R)$，是指供给网络，其中 $S = (s_0, s_1, \cdots)$ 为线网物理车站的集合，$R = (r_0, r_1, \cdots)$ 为供给网络列车开行交路的集合；

T_{max}，是指理性出行的最大换乘次数，即有效路径最多乘车 $T_{max} + 1$ 次；

s_o, s_d，是指起点和终点站，$s_o \in S$，$s_d \in S$；

$R(s_i)$，是指途经车站 $s_i (s_i \in S)$ 的所有开行交路的集合；

K，是指网络关键车站的集合，即网络所有换乘站点和搜索起讫点 s_o, s_d 的集合；

$K^{(t)}$，是指经 t 次乘车后可达的关键车站集合；

$P^{(t)}$，是指第 t 次乘次可能的乘次路径集合；

P，是指自起点 s_o 开始搜索有效路径的中间结果集合；

P'，是指搜索的路径临时解集合；

$p(r_n, s_i, s_j)$，是指开行交路 $r_n (r_n \in R)$ 上，车站 $s_i (s_i \in K)$ 与 $s_j (s_j \in K)$ 的连通关系。若自车站 s_i 乘坐交路 r_n 的列车可到达 s_j，则 $p(r_n, s_i, s_j) = 1$，否则 $p(r_n, s_i, s_j) = 0$；

p_t，是指第 t 次乘车的乘次路径，为关键车站的集合；

p_t^+, p_t^-, p_t^r，是指乘次路径 p_t 的上车站、下车站、乘车交路；

p,是指自起点s_o开始搜索有效路径的某中间结果,$p \in P$,为一系列关键车站的集合;

p^r,是指路径p各乘次交路的集合;

p^*,是指路径p的最后一个车站;

$c(p)$,是指路径p的综合交通费用。

采用广度优先搜索算法确定车站s_o至车站s_d之间有效路径的基本步骤如下:

步骤1:初始化。

(1)令$K^{(t)} = \begin{cases} \emptyset & \forall t \in (1,2,\cdots,T_{\max}+1) \\ s_o & t = 0 \end{cases}$。

(2)$\forall t \in (0, T^{\max}]$,令$P^{(t)} = \emptyset$。

(3)令$P = \emptyset$,$t = 1$。

步骤2:搜索路径。

(1)令$P' = \emptyset$。

(2)$\forall s_i \in K^{(t-1)}$,$\forall s_j \in K(s_i)$,$\forall r_n \in R$,顺序执行如下操作:

①搜索t次乘次路径:

若$p(r_n, s_i, s_j) = 1$,则$p_t^+ = s_i$,$p_t^- = s_j$,$p_t^r = r_n$。

②若$P = \emptyset$,则$P^{(t)} = P^{(t)} \cup \{p_t\}$;若$P \neq \emptyset$,则进行站点、交路不重复原则检验。$\forall p \in P$,若$r_n \notin p^r$或$s_j \notin p$:

a. 更新t乘次的路径集合:$P^{(t)} = P^{(t)} \cup \{p_t\}$;

b. 更新临时路径集:若$p^* = p_t^+$,则令$p = p \cup \{p_t^-\}$,$P' = P' \cup \{p\}$。

③更新待搜索关键节点集合:

若$s_k \neq s_d$,则令$K^{(t)} = K^{(t)} \cup \{s_j\}$。

④更新全局路径集:

令$P = P'$。

⑤若$K^{(t)} \neq \emptyset$且$t < T_{\max}$,则$t = t + 1$,重复步骤二;否则转入步骤三。

步骤3:检验。

(1)筛选出终点为s_d的路径,$\forall p \in P$,若$p^* \neq s_d$,则$P = P - p$。

(2)计算s_o和s_d之间的最小费用:$c_{od}^{\min} = \min_{p \in P}(c(p))$。

(3)$\forall p \in P$,若$c(p) > \min(f_{abs} + c_{od}^{\min}, c_{od}^{\min} \cdot (1 + f_{rel}))$成立,则$P = P - p$。

(4)P即为车由站s_o至s_d的有效路径集合。

该搜索算法考虑了城市轨道交通网络特点,在参照以往研究的同时,提出了有效路径搜索的一些附加条件,从而限制了有效路径的搜索范围,避免了不必要的搜索步骤,大大提高了程序搜索的效率。算法的核心在于确定网络和线路的关键节点,通过关键节点的逐层搜索识别寻找终点。与以往算法相比,该算法的优点在于程序实现容易,算法层次性较强易于理解,比较适合规模适中的网络有效路径的求解。

2.4.3 算例分析

如图 2-7a)所示,给出由 6 条线路 $l_1, l_2, \cdots, l_6$ 组成的城市轨道交通网络,假定各线路均只有一个交路方案,线路 l_i 的上行交路和下行交路分别记为 r_{i0} 和 r_{i1}。为便于计算,本算例只给出线网关键节点,即 9 个换乘站 $(s_1, s_2, \cdots, s_9)$ 和两个普通车站 s_o 和 s_d。各路段的交通费用如图 2-7b)所示。

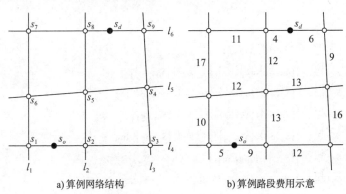

a) 算例网络结构　　　　　　b) 算例路段费用示意

图 2-7　线网示意图

取 $f_{\text{abs}} = 10$,$f_{\text{rel}} = 0.3$,$T_{\max} = 2$,不考虑换乘所产生出行费用的情况下,车站 s_o 至 s_d 的有效路径搜索过程可描述如下:

(1)初始化。
$$K^{(t)} = \begin{cases} \varnothing & \forall t \in (1, 2, \cdots, T_{\max} + 1) \\ s_o & t = 0 \end{cases}$$

(2)第 1 次乘车后。

$t = 1$,$K^{(0)} = s_o$,本乘次可行的路径为:
$$P^{(1)} = \{\{s_o, s_1\}, \{s_o, s_2\}, \{s_o, s_3\}\}$$

临时及全局路径集为:
$$P = P' = \{\{s_o, s_1\}, \{s_o, s_2\}, \{s_o, s_3\}\}$$

此时,$K^{(1)} = K(s_o) = \{s_1, s_2, s_3\} \neq \varnothing$ 且换乘次数 $t = 1 < T_{\max}$。

（3）第2次乘车后。

$t=2$，本乘次可行的路径为：

自s_1起：$\{\{s_1,s_6\},\{s_1,s_7\},\{s_1,s_2\},\{s_1,s_3\}\}$。

自s_2起：$\{\{s_2,s_1\},\{s_2,s_3\},\{s_2,s_5\},\{s_2,s_8\}\}$。

自s_3起：$\{\{s_3,s_1\},\{s_3,s_2\},\{s_3,s_4\},\{s_3,s_9\}\}$。

经站点不重复和交路不重复原则检验，经两次乘车后的临时路径集可为：

$$\{\{s_1,s_6\},\{s_1,s_7\}\} \cup \{\{s_2,s_5\},\{s_2,s_8\}\} \cup \{\{s_3,s_4\},\{s_3,s_9\}\}$$

全局路径集为：

$$\{\{s_0,s_1,s_6\},\{s_0,s_1,s_7\}\} \cup \{\{s_0,s_2,s_5\},\{s_0,s_2,s_8\}\} \cup \{\{s_0,s_3,s_4\},\{s_0,s_3,s_9\}\}$$

此时，$K^{(2)} = K(s_1) \cup K(s_2) \cup K(s_3) = \{s_6,s_7,s_5,s_8,s_4,s_9\} \neq \varnothing$，且换乘次数$t = 2 \leqslant T_{\max}$。

（4）第3次乘车后。

$t=3$，本乘次可行的路径为：

自$\{s_0,s_1,s_6\}$起：$\{\{s_6,s_1\},\{s_6,s_7\},\{s_6,s_4\},\{s_6,s_5\}\}$。

自$\{s_0,s_1,s_7\}$起：$\{\{s_7,s_1\},\{s_7,s_6\},\{s_7,s_8\},\{s_7,s_9\},\{s_7,s_d\}\}$。

自$\{s_0,s_2,s_5\}$起：$\{\{s_5,s_2\},\{s_5,s_8\},\{s_5,s_4\},\{s_5,s_6\}\}$。

自$\{s_0,s_2,s_8\}$起：$\{\{s_8,s_2\},\{s_8,s_5\},\{s_8,s_7\},\{s_8,s_9\},\{s_8,s_d\}\}$。

自$\{s_0,s_3,s_4\}$起：$\{\{s_4,s_3\},\{s_4,s_9\},\{s_4,s_5\},\{s_4,s_6\}\}$。

自$\{s_0,s_3,s_9\}$起：$\{\{s_9,s_3\},\{s_9,s_4\},\{s_9,s_7\},\{s_9,s_8\},\{s_9,s_d\}\}$。

经站点不重复和交路不重复原则检验，经3次乘车后的临时路径集可为：

$$\{\{s_6,s_4\},\{s_6,s_5\}\} \cup \{\{s_7,s_8\},\{s_7,s_9\},\{s_7,s_d\}\} \cup$$
$$\{\{s_5,s_4\},\{s_5,s_6\}\} \cup \{\{s_8,s_7\},\{s_8,s_9\},\{s_8,s_d\}\} \cup$$
$$\{\{s_4,s_5\},\{s_4,s_6\}\} \cup \{\{s_9,s_7\},\{s_9,s_8\},\{s_9,s_d\}\}$$

全局路径集为：

$$\{\{s_0,s_1,s_6,s_4\},\{s_0,s_1,s_6,s_5\}\} \cup \{\{s_0,s_1,s_7,s_8\},\{s_0,s_1,s_7,s_9\},\{s_0,s_1,s_7,s_d\}\} \cup$$
$$\{\{s_0,s_2,s_5,s_4\},\{s_0,s_2,s_5,s_6\}\} \cup \{\{s_0,s_2,s_8,s_7\},\{s_0,s_2,s_8,s_9\},\{s_0,s_2,s_8,s_d\}\} \cup$$
$$\{\{s_0,s_3,s_4,s_5\},\{s_0,s_3,s_4,s_6\}\} \cup \{\{s_0,s_3,s_9,s_7\},\{s_0,s_3,s_9,s_8\},\{s_0,s_3,s_9,s_d\}\}$$

此时，$K^{(3)} = \varnothing$且换乘次数$t = 2 \leqslant T_{\max}$，搜索结束。

（5）检验。

终点为s_d的全局路径包括：$\{s_0,s_1,s_7,s_d\},\{s_0,s_2,s_8,s_d\},\{s_0,s_3,s_9,s_d\}$。

计算s_0和s_d之间的最小费用：$c_{od}^{\min} = \min\limits_{p \in P}(c(p)) = \min(47,38,52) = 38$。

第 2 章 城市轨道交通网络模型

因此，满足条件综合交通费用小于$\min\{38 \times (1 + 0.3), 38 + 10\} = 48$的路径为最终搜索确定的路径。即$s_o$至$s_d$的有效路径为$\{s_0, s_1, s_7, s_d\}$和$\{s_0, s_2, s_8, s_d\}$。

2.4.4 算法参数研究

线网有效路径数量受网络规模和线网布局的直接影响。在城市轨道交通逐步建设成网的进程中，线网换乘车站数量持续增加，车站间可达性显著提升，乘客出行的路径选择余地也更大，站间出行有效路径因此也较多。除网络结构和规模等线网本身特点外，有效路径搜索算法的参数选取也直接影响到搜索的有效路径数量。从本书给出的有效路径定义也可以看出，有效路径的界定受多个参数的共同约束。若相对约束参数和绝对约束参数均取值较大，则算法对有效路径的界定条件将更为宽泛，满足有效路径定义的搜索结果也将越多；反之，搜索结果则将较少。

目前，针对有效路径搜索参数的不同研究中，所采用的参数取值迥异。其中，针对相对阈值f_{rel}的取值，大部分研究普遍采纳了 Leurent F 交通有效路径的研究结论，认为城际间的有效路径搜索取为 1.6，城市内的研究可在区间[1.3,1.5]内取值较为合理。对于城市轨道交通网络有效路径搜索中f_{rel}和f_{abs}的取值尚无定论。四兵锋，毛保华等在其研究中采用了$f_{abs} = 10 \min$，徐瑞华等则认为可以通过经验或者出行调查确定f_{rel}和f_{abs}。显然，如果f_{rel}和f_{abs}取值过大，则搜索到的可行路径将过多，这将给有效路径的进一步识别带来麻烦；而若f_{rel}和f_{abs}取值过小，则会存在遗漏正确有效路径的问题。因此，需要对f_{rel}和f_{abs}取值进行合理分析，才可能准确且高效地搜索网络有效路径。为明确参数f_{rel}和f_{abs}对有效路径搜索的影响，本部分以北京市轨道交通网络为例，采用广度优先搜索算法，确定不同参数配置情况下路径搜索的数目。同时，为了简化研究，仅考虑出行时间作为路径的交通费用。

以某网络为例，该网络目前平均乘距约为 14km，平均一次轨道交通出行乘车时间约为 25.3min。为此本书采取相对阈值f_{rel}取 0.2～1.8，绝对阈值f_{abs}取 9～27min 下不同参数组合的配置，以上述程序搜索了不同参数组配置下的有效路径数目。

从表 2-1 及图 2-8 可以看出，对于某个f_{abs}而言，有效路径数目会随着相对阈值f_{rel}的增加而增加，在一定程度后达到相对稳定。当f_{rel}一定时，有效路径数目也随f_{abs}的增加逐步增加而达到稳定。这表明当某一阈值$f_{rel}(f_{abs})$取值增加到一定值时,有效路径不会随其增加而有显著的变化,此时对有效路径选择起决定性约束作用的将是参数 $f_{abs}(f_{rel})$。

不同 f_{rel} 和 f_{abs} 配置下有效路径数目　　　　表 2-1

f_{rel}	f_{abs}										
	7	9	11	13	15	17	19	21	23	25	27
0.2	35005	37615	38594	39031	39107	39126	39126	39126	39126	39126	39126
0.4	36694	41952	46321	50488	53475	55373	56428	57051	57447	57716	57838
0.6	36822	42401	47413	52854	57731	61690	64901	67711	70178	72023	73694
0.8	36839	42477	47634	53425	58818	63487	67751	71963	76232	79890	83850
1	36842	42496	47705	53610	59185	64126	68783	73554	78749	83560	89144
1.2	36843	42501	47725	53664	59317	64384	69265	74308	79964	85324	91845
1.4	36847	42506	47740	53705	59398	64528	69507	74696	80629	86273	93285
1.6	36848	42507	47743	53726	59444	64600	69642	74901	80971	86803	94221
1.8	36849	42508	47745	53731	59464	64628	69713	75009	81175	87135	94667

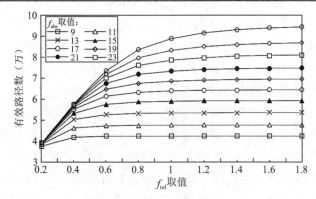

图 2-8　不同 f_{rel} 取值下,有效路径数随 f_{abs} 变化趋势

有效路径的定义要求有效路径费用同时满足条件 $c_{rs} \leqslant c_{rs}^{min}(1+f_{rel})$ 和条件 $c_{rs} \leqslant c_{rs}^{min} + f_{abs}$,因此只需要满足下式即可:

$$c_{rs} \leqslant \min(c_{rs}^{min}(1+f_{rel}), c_{rs}^{min} + f_{abs})$$

因此,在满足上式约束的同时,若 $c_{rs}^{min} < f_{max}^{(2)}/f_{max}^{(1)}(c_{rs}^{min} > f_{max}^{(1)}/f_{max}^{(2)})$,则 $f_{max}^{(1)}$

($f_{max}^{(2)}$）决定了约束条件，对有效路径数目起决定性作用，有效路径数不会随$f_{max}^{(2)}$（$f_{max}^{(1)}$）的变化而显著变化。本书通过测试及验证，给出了$f_{max}^{(2)}$与$f_{max}^{(1)}$取值的合理组合，参数$f_{max}^{(2)}$与$f_{max}^{(1)}$取值见表2-2。

参数$f_{max}^{(2)}$与$f_{max}^{(1)}$取值　　　　　　　表2-2

$f_{max}^{(2)}$（min）	9~11	11~13	13~15	15~19	19~21	21~23	23~27	27
$f_{max}^{(1)}$	0.6	0.8	1	1.2	1.4	1.6	1.7	1.8

很显然，表中给出的参数组中，取值越大，搜索到的路径将越多。对于某一网络，选择不同的参数将得到不同的搜索结果。此外，由于其线网布局、线路数量、换乘站数量等的差异，不同网络结构在有效路径的搜索时参数组的选取就存在差异。搜索结果中有可能包含了不合理路径或者漏选了有效路径。在实际应用当中，参数的应通过对实际路径搜索结果的评估选取。为了保证有效路径的准确性，需要在不同参数配置的条件下多次搜索选择合适的参数。如果在某一组参数配置的条件下，存在明显的有效路径漏选，则需要选取相对较大的参数组。如果搜索结果中包括了显然不合理的路径，则需要配置较小的参数组搜索。

2.5　小结

本章分析了城市轨道交通网络结构，给出了轨道交通网络的拓扑描述，为分析出行费用组成提供了依据。基于网络拓扑结构的描述引出了交通网络有效路径的概念，分析了城市轨道交通有效路径和常规城市交通有效路径的异同。针对城市轨道交通出行有效路径选择的特殊性，在借鉴城市交通有效路径的基础上，给出了轨道交通有效路径的定义。

城市轨道交通有效路径的特殊性决定了其定义比常规交通有效路径更严格，一般情况下还存在（无环网络）线路不重复、站点不重复等特点。通过给出有效路径的重新定义，在借鉴图遍历思想的基础上，提出了基于广度优先思想的有效路径搜索算法，并以实例验证了该算法的有效性。该算法分层搜索的思想使算法易于理解，并具有很高的求解效率。同时还避免了一般算法不能识别有环网络有效路径的问题。

本章还探讨了路径搜索过程中参数选择的问题。通过分析不同参数配置下有效路径数目的变化趋势，给出了参数之间的合理配对组合。合理的参数选择避免了不合理参数配置的搜索过程，从而能够提高有效路径的搜索效率。

第 3 章

城市轨道交通网络客流分配技术

第 3 章　城市轨道交通网络客流分配技术

3.1　概述

交通分配是将 OD 交通量按照一定的规则分配到交通网络中，从而获得各路段交通流量等交通指标的过程。城市轨道交通客流分配是交通分配的一个实例。

按照统计分析对象、统计粒度等的不同，城市轨道交通客流分配可分为静态客流分析和动态客流分析。静态客流分析用于解决宏观客流指标的统计分析，支撑票务统计分析和运营组织计划编制。而动态客流分析则聚焦于线网客流的时空动态分布，特别是考虑乘车人和列车的时空关系，以求精细化地揭示全网客流和车流的时空特征以及二者之间的交互规律。

从行为科学角度来看，城市轨道交通客流分配问题实际上是乘客出行决策问题：乘客以某种原则选择特定 OD 对之间的换乘方案、乘车方案等。乘客往往在进入网络开始就已有决策结论，且其决策结果在不受外部因素影响情况下，不会轻易发生改变。在轨道网络出行的过程中，由于受各种因素的影响，出行者很难准确把握网络状况，而乘客出行的备选路径又具有多样化特性，其对不同出行路径的优劣也不能做准确的把握，乘客的决策结果也就呈现出多样性。因此，研究客流分配的核心是分析出行者路径的选择行为。为此，在建立客流分配模型之前需要分析和研究交通网络出行者择路行为。

3.2　出行路径选择行为分析

3.2.1　离散选择模型

离散选择模型（Discrete Choice Model）是一种用于研究实际或模拟的市场竞争环境下决策者选择行为的方法体系，被广泛应用于经济学和社会学领域的选择行为研究当中。根据离散选择模型相关理论，决策者在面对属性各异的备选方案时，会根据其对各个备选方案的认知和评估，按照某种决策准则确定选择结果。因此，根据离散选择相关理论，一次选择行为通常包含以下几种要素：

（1）决策者（Decision Makers）。

决策者即做出某种选择行为的主体。决策者可以为个体或某个组织，如家庭、企业、机构等。在交通领域的选择行为研究中，决策者多为出行者个体或家庭。需要强调的是，决策者自身的属性将直接影响到其选择结果。例如，个体的收入水平、年龄、是否拥有小汽车等属性，将有可能影响到其出行交通方式的选择。

（2）备选方案（Alternatives）。

备选方案是决策者面临的可供选择的方案集合。以线网出行路径的选择为例，在乘车出行中决策者可选择的出行路径可能有多条，即站对之间的有效路径。

（3）方案属性（Attributes of Alternatives）。

选择结果除受决策者个人属性的影响外，每个备选方案的属性也会影响到决策者的选择结果。例如，在线网出行路径选择的情境中，每一条路径的乘车时间、拥挤程度、换乘次数、候车时间等因素，都是影响路径选择结果的潜在因素。由于决策者无法精准掌握各备选方案的属性，其对备选方案的评估存在主观性，路径选择结果也因此呈现出多样性。

（4）决策准则（Decision Rules）。

决策者个体属性以及不同方案的属性组合，为决策者提供了各方案效用（Utility）的主观评价。交通领域的选择行为建模多以个体效用最大化为决策准则。即认为理性的出行者在面临交通方式、路径等的选择时，会以自身对备选方案的主观偏好为依据，选择其中对自己效用最大的方案。

综上，在研究个体出行决策行为时，离散选择模型定义了出行选择特性、个体特性和社会经济特性等多种影响变量共同作用下的备选方案效用值，以效用值描述和衡量不同备选方案的优劣。如果令 U_{ni} 为个人 n 选择方案 i 的效用，J_n 为个人 n 对应的选择集合，则当 $U_{ni} > U_{nj}, \forall j \neq i (i, j \in J_n)$ 时，个人 n 将选择方案 i。通常受个人对效用认识的不同以及备选方案观测的随机性 U_{ni} 被认为是随机的。在实际应用中一般采用随机概率问题分析离散性选择问题。

3.2.2 出行路径的广义效用

在城轨网络出行中，乘客往往需要在多条出行路径中做出换乘和乘车方案的选择，而乘客则会选择对自己而言出行成本最小（效用最大）的方案。受诸多因素影响，不同出行主体对相同出行路径的效用感知必然存在一定差异。而路径的效用则与路径及出行主体（乘客）的属性存在一定的函数关系。通常，路径效用函数可被视为由两部分组成，其中一部分为可确定影响因素对路径效用的贡献值，另一部分为难以观察和测定的随机项影响值。即，路径效用函数可以描述为：

$$U_{ni} = V_{ni} + \varepsilon_{ni} \tag{3-1}$$

式中：U_{ni}——乘客n感知的路径i的效用；

ε_{ni}——随机误差项，且$E[\varepsilon_{ni}] = 0$；

V_{ni}——效用的可观测部分，其中包括了影响乘客路径选择行为的各参数，一般用各参数的线性函数形式来描述：

$$V_{ni} = \theta X_{ni} = \sum_{k=1}^{K} \theta_k x_{nik} \quad (i \in J_n, \ n = 1, \cdots, N) \tag{3-2}$$

式中：$\qquad\qquad\quad J_n$——个人n的有效路径集合；

K——J_n的元素个数，即有效路径的个数；

$\theta = (\theta_1, \theta_2, \cdots, \theta_k)$——待定的参数向量；

$X_{ni} = (x_{ni1}, x_{ni2}, \cdots, x_{nik})$——个人$n$选择路径$i$时的特性向量，通常选取影响路径选择的因素作为参数$x_{nik}$，这些因素主要包括个人属性、路径属性等因素。

在参数标定前需要对拟定的影响因素进行显著性分析。如果某因素对路径选择结果影响不显著，则需要将该因素从效用函数剔除，重新标定和检验。

3.2.3 路径选择的影响因素分析

路径选择过程是乘客在轨道交通网络中，从起点经过一系列节点到达终点过程中制定出行决策的过程。乘客对路径的选择是受系统内外部因素以及乘客自身因素等多方面因素共同影响下完成的。这些因素包括旅行时间、换乘次数、换乘时间、票价等定量因素，以及舒适性、换乘方便性、乘客偏好等定性因素。在这些因素的共同作用下，形成了OD间路径选择结果的多样性。

从研究对象来看，影响乘车路径选择行为的潜在因素可分为三部分：出行者社会经济属性、备选路径属性、出行属性。

1）出行者社会经济属性

出行者社会经济属性主要包括出行个体的性别、收入、年龄、是否拥有小汽车等属性。

2）备选路径属性

备选路径的属性主要考虑影响出行路径选择的主要因素，如换乘次数、换乘时间、乘车时间、乘车舒适性、候车时间、换乘便捷性等。

（1）换乘时间。

换乘时间也是乘客路径选择主要考虑的因素。换乘时间包含换乘步行时间和换乘候车时间两部分，在旅行时间相近的多条路径中，如果乘客明确知道各条路径的换乘时间，则乘客倾向于选择换乘时间较少的路径。换乘时间可通过换乘距离和换乘通道客流步速的关系确定，即

$$T_{\text{transfer}} = s/v \tag{3-3}$$

式中：s——不同线路间的换乘距离；

v——换乘通道客流平均步速。

（2）旅行时间。

旅行时间即乘客在系统内的出行时耗，包括区间运行时间、途经车站停站时间、换乘步行时间、换乘候车时间等。

$$T_{\text{travel}} = \sum T_{\text{run}} + \sum T_{\text{dwell}} + \sum T_{\text{transfer}} \tag{3-4}$$

式中：$\sum T_{\text{run}}$——列车在区间途经区间的运行时间之和，min；

$\sum T_{\text{dwell}}$——列车在区间途经车站的停站时间之和，min；

$\sum T_{\text{transfer}}$——乘客在换乘车站换乘时间总和，min。

乘客出行往往以旅行时间为主要参考对象，通过对比不同路径的旅行时间而做出对路径选择的决策。当起讫点之间有多条路径可供选择时，一般情况下，旅行时间越短的行进路径被选择的机率越大。

（3）换乘次数。

当有多条路径可供乘客选择时，若乘客不能够准确感知各条路径的旅行时间或者各条路径的旅行时间相差不大时，换乘次数对乘客对路径的选择将起到决定性作用。一般情况下，旅行时间相差不大时换乘次数越少的路径被选择的概率更大。因此对于路径的确定，乘客会在路径的旅行时间和换乘次数之间权衡考虑。

（4）票制票价。

对于实行单一票制的城市轨道交通系统，不同出行方案的票价相同，票价不会对出行主体路径选择行为产生影响。而对于采纳计程票价的网络，票价将会成为乘客选择路径的主要考虑因素之一。

（5）舒适性。

舒适性与车辆拥挤程度、乘车环境等相关。可以通过拥挤程度来衡量乘客对舒适性的评价。拥挤程度反映了线路客流量与车辆载运能力的关系，当客流量小

于列车座位数时,乘客对舒适性的判断波动不大;当客流量大于座位数时舒适性开始下降,并且此时随客流的增加,舒适性下降速度加快。

(6)换乘便捷性。

换乘方便性体现在一次换乘对时间的消耗和换乘对体力的消耗两方面。影响到换乘方便性的因素主要包括换乘方式、换乘通道的长度、换乘设施的便捷性(是否有电梯)等。通常,老、弱、病、残、孕等群体对换乘方便性考虑得较多。

(7)乘客对网络的熟悉程度。

乘客对于轨道网络的熟悉程度也从一定程度上影响到其对路径的选择。对于借助轨道交通方式通勤通学的群体,因其可以通过长期的经验选择其起点之间的最优路径,因此其出行路径一般比较固定。但是对于那些对网络不熟悉的乘客,只能通过自己主观判断,因此路径选择结果差异较大。

3)出行属性

出行属性,如出行目的、出行时间等,也是路径选择行为的潜在影响因素。由于轨道交通出行往往采用非实名制乘车,个体属性难以全样本采集,因此难以基于个体属性建立可操作性较强的路径选择模型。此外,路径选择模型主要应用于集计分析场景(如进行客流预测、静态客流分析、票务清分等),基于个体属性的建模和应用鲜见于工程实践。因此,在工程实践中,宜针对出行需求特点分别建立分析模型。例如,高峰期间和平峰期间的个体路径选择行为可能存在显著差异,宜分别针对两个时段的出行特点,分别设计调查方案。

影响乘客出行路径选择的潜在因素见表3-1。

影响乘客出行路径选择的潜在因素 表3-1

类型	潜在影响因素
出行者社会经济属性	如性别、收入、年龄、是否拥有小汽车等
备选路径属性	如换乘次数、乘车时间、乘车舒适性、换乘便捷性、乘客对路径的熟悉程度等
出行属性	如出行目的、出行时间等

3.3 基于SP调查的路径选择行为研究

SP调查(Stated Preference Survey)是为了获得人们对假定条件下的多个方案

所表现出来的主观偏好而进行的调查，被广泛应用于市场调查、出行行为建模等研究当中。通过调查评估受访者在各类假定情景下的选择结果，分析备选方案属性对选择结果的影响程度。

SP 调查的主要步骤包括：确定影响路径选择行为的因素、情景组合设计（试验设计）、SP 调查问卷设计、进行预调查和问卷修订、调查实施。

（1）识别选择行为的影响因素。

如前所述，影响乘客出行行为的因素主要包括：出行者社会经济属性、备选路径属性、出行属性三类。需要注意的是，在建模过程中考虑的因素越多，模型愈复杂，模型的标定和应用难度越大。为此，在进行静态客流分析时，列车拥挤度、服务水平等时变因素往往不予考虑；而在进行集计客流分析时，则会忽略乘客个体属性对路径选择的影响。此外，在特定的应用场景下，并非所有影响因素对模型的影响均统计显著，个别因素之间也可能存在相关性（如换乘时间和换乘便捷性可能存在相关性，换乘总时间和换乘次数可能存在相关性等），在进行选择行为研究的建模或调查中，影响因素的选择应有所取舍。总之，对于影响因素的选择宜根据建模目的和标定结果有针对性地选择。

（2）影响因素的水平。

在各类生产和科学研究中，经常需要通过做各种试验以研究各种因素之间的关系，找到最优的工艺条件或最好的配方，即最优因素组合。为了便于试验的安排，每个因素要根据以往的经验来选择一个试验范围，然后在试验范围内挑出几个有代表性的值来进行试验，这些值称作该因素的水平。类似地，在路径选择行为的研究中，影响因素"换乘次数"可以包括 0 次、1 次、2 次三个水平；而旅行耗时则可能包括 15min、30min、45min、60min 共四个水平。需要注意的是，影响因素的水平也宜根据研究目的和研究对象现状科学设置。

（3）情景组合设计。

通过设定和选择影响因素的水平值，可以有效减少最优因素组合的数量，但并非所有因素的组合都具有试验价值。例如，在路径选择行为的研究中，为评估各类因素影响程度，最直接的方法是枚举所有影响因素及其影响水平的组合情景。而当备选方案属性数量及水平设计较多时，全面试验将导致情景组合（调查问卷题目）数量激增，直接影响到调查实施和受访者反馈结果的准确性。例如，在一项试验中若有 m 个因素，它们各有 $l_1,\cdots,l_m$ 个水平，则全面试验至少需做 $l_1 \times l_2 \times \cdots \times l_m$ 次试验。

为解决上述问题，可采用试验设计法，选择部分代表性的情景组合方案进行调查。试验设计所追求的目标之一就是要用尽量小的部分实施来实现全面试验所要达到的目的。利用试验设计法既可以对调查方案进行合理安排，挑选少数具有代表性的情景组合进行试验，又可以对实施的少数组合处理的试验结果进行科学处理，得到正确的结论。试验设计的方法很多，每种方法都有其优点，也有其局限性，根据实际情况选取合适的方法是应用统计的重要内容。本书讨论和案例均采用均匀设计法。

在路径选择行为研究中，备选方案本质上是一组采用同一效用函数但属性各不相同的有效路径组合。为减少调查情景组合方案，假定每个情景组合由 2 个备选方案组成，备选方案考虑了换乘次数和乘车总耗时两个属性，每个属性均设计 3 个水平。可采用"4 因素 3 水平"正交试验设计方案，初步选定 9 个彼此独立但可表征所有组合方案的情景组合。

需要强调的是，通过正交实验设计得到的情景组合中，可能存在 3 类组合方案：

①与现实出行情景基本吻合的情景组合。

②不符合逻辑或无效的组合方案。例如，某些调查案例中，换乘 2 次总耗时为 10min 的路径可能不符合实际情况。

③某一备选方案的所有属性均优于其比选方案的情景组合，其选择结果显而易见。

本项研究中，将第 1 类情景组合完全纳入调查。同时，保留了 1 个第 3 类情景组合方案，用于检验受访者应答质量。而其他不符合逻辑或实际情况的组合方案则需要全部删除。

（4）问卷调查。

SP 问卷调查通常包括 3 个部分。

①受访者出行习惯调查，包括最近一次出行的目的、出行耗时、出行方式（若从未乘坐地铁，则调查结束）、乘坐地铁出行的频率。

②出行路径选择调查，考察特定假设情境下乘车出行路径选择结果。

③受访者年龄、性别、收入、是否有小汽车等社会经济特征的调查。

根据前述正交实验设计结论，每个受访者将分别给出 4 个假设情形下，最适合自己的路径方案。

假设您在乘坐地铁时，从起点站到终点站有 2 条乘车路径可供选择（两条路径的总耗时和换乘次数有所不同），请根据您的偏好，选择以下各情形中（表 3-2）最合适您的路径方案。

表 3-2 调查问卷出行情景调查部分

情景	路径	全程耗时	换乘次数	我会选择
1	路径1	40	1	( )
	路径2	60	0	( )
…	…	…	…	…

3.4 Logit 模型的标定和检验

3.4.1 Logit 模型

如前所述，有效路径效用函数由可确定的因素 V_{ni} 和难测定的随机项 ε_{ni} 两部分组成。当随机项 ε_{ni} 服从不同分布时便有不同的选择函数。假定 ε_{ni} 分别服从 Gumbel 分布和多元正态分布时，可分别得到最常用的 Logit 分配函数和 Probit 分配函数。Logit 模型由于其形式简单、易于理解、物理意义很明显而得到很广泛的应用。

根据效用最大化理论，乘客 n 选择路径 i 的概率可表示为：

$$\begin{aligned} P_{ni} &= \text{prob}(U_{ni} > U_{nj};\ i \neq j,\ \forall j \in J_n) \\ &= \text{prob}(V_{ni} + \varepsilon_{ni} > V_{nj} + \varepsilon_{nj};\ i \neq j,\ \forall j \in J_n) \end{aligned} \quad (3\text{-}5)$$

假定随机项 ε_{ni} 相互独立且服从于 Gumbel 分布（分布函数 $F(x) = \exp(-\lambda e^{-x})$，密度函数 $f(x) = \lambda e^{-x} \exp(-\lambda e^{-x})$，$(\lambda > 0, -\infty < x < \infty)$，则：

$$\begin{aligned} P_{ni} &= \text{prob}(\varepsilon_{nj} < V_{ni} - V_{nj} + \varepsilon_{ni}) \prod_{j \neq i} \exp(-\lambda e^{-(V_{ni}-V_{nj}+\varepsilon_{ni})}) \\ &= \int_{-\infty}^{+\infty} \prod_{j \neq i} \exp(-\lambda e^{-(V_{ni}-V_{nj}+\varepsilon_{ni})}) \lambda e^{-\varepsilon_{ni}} \exp(-\lambda e^{-\varepsilon_{ni}}) d\varepsilon_{ni} \\ &= \frac{e^{\lambda V_{ni}}}{\sum_{j \in J_n} e^{\lambda V_{nj}}} \quad (\forall i,\ j \in J_n) \end{aligned} \quad (3\text{-}6)$$

也可以表述为：

$$P_{ni} = \frac{e^{\lambda V_{ni}}}{1 + \sum_{i \neq j} e^{\lambda (V_{nj}-V_{ni})}} \quad (\forall i,\ j \in J_n) \quad (3\text{-}7)$$

或者：

$$P_{ni} = \frac{\exp(\lambda \cdot \theta X_{ni})}{\sum_{j \in J_n} \exp(\lambda \cdot \theta X_{nj})} \qquad (\forall i, \ j \in J_n) \tag{3-8}$$

显然，$\sum_{i \in J_n} P_{ni} = 1$，$0 < P_{ni} \leqslant 1$。一般取 $\lambda = 1$ 反映了同方差分布的假定。该式给出了乘客 n 选择路径 i 的概率，即某一起讫点之间某条有效路径被选择的概率。因此只需要明确起讫点之间的交通量，便可以确定各路径客流分配，进而可以确定各线路路段的交通量。

3.4.2 模型的标定

非集计模型最基本也是最重要的一个要求是准确标定模型参数，参数的准确性直接决定了模型的准确性。在选定路径选择影响因素后，通常可以以不同决策因素组合拟定多个不同形式的效用函数。因此，需要以一系列能反映路径选择行为的样本数据标定各模型涉及的参数，并分析决策因素显著性，在多个备选费用函数中选择最能反映实际的一个。在选定费用函数后还需要通过统计手段进一步检验其参数的标定结果。模型标定的过程如图 3-1 所示。

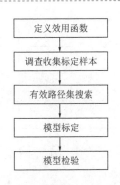

图 3-1 模型标定的基本步骤

（1）定义效用函数。

效用函数一般采用 $V_{ni} = \theta \cdot X_{ni} (i \in J_n, n = 1, \cdots, N)$ 的线性形式，因此决定效用函数的将是效用函数中的特性变量 X_{ni}。特性变量 X_{ni} 包含了选择肢特性变量以及个人特性变量。对于本书而言，前者也就是有效路径集的特性变量。采用不同特性变量的线性组合将得到不同的效用函数，需要在函数标定过程中通过判断各参数显著性决定特性变量是否应被采纳，进而确定出最优效用函数。

（2）标定样本的收集。

Logit 模型参数的标定需要选择一定数量能够反映出乘客路径选择规律或者选择喜好的数据。为此，需要在标定参数前收集和分析若干标定样本数据。样本数据可以根据效用函数定义的需要，设计反映乘客出行路径选择行为的调查问卷，以问卷调查的形式获取。问卷内容应服务于拟定的费用函数，根据参数标定的需要设计内容。问卷一般应包括有效路径属性和出行个体属性两部分。有效路径属性可包括乘客起讫站点、预计换乘站、对乘车环境和换乘的评价等。出行个体属性则包括年龄、性别、职业、收入状况等。为了分析及标定方便，调查结果可以整理为表 3-3 所示的结构。

表 3-3 标定样本样表

出行个体	可选路径	选择结果	有效路径特性				出行个体属性			
			x_{ni1}	x_{ni2}	x_{ni3}	...	x_{ni4}	x_{ni5}	x_{ni6}	...
1	1	δ_{11}								
	2	δ_{12}								
	⋮	...								
	J_1	δ_{1J_1}								
2	1	δ_{21}								
	⋮	...								
	J_2	δ_{2J_2}								
⋮	⋮	⋮								

表中以 δ_{ni} 为个人 n 的路径选择结果，定义 δ_{ni} 如下：

$$\delta_{ni} = \begin{cases} 1 & \text{个人}n\text{选择路径}i \\ 0 & \text{其他} \end{cases} \quad (3\text{-}9)$$

对于每一个出行者来讲，其选择结果只能有一种，则有 $\sum_{i \in J_n} \delta_{ni} = 1$。

（3）模型的标定过程。

目前，Logit 模型的标定多采用极大似然法。通过构造似然函数，利用 Newton-Raphson 法即可标定模型参数。假定有 N 个人参与出行，δ_{ni} 同前面定义，表征个人 n 的路径选择结果。则个人 n 的选择结果 $\delta_{n1}, \delta_{n2}, \cdots, \delta_{nJ_1}$ 的联合概率为：

$$P_{n1}^{\delta_{n1}} \cdot P_{n2}^{\delta_{n2}} \cdots \cdot P_{nJ_1}^{\delta_{nJ_1}} = \prod_{i \in J_n} P_{ni}^{\delta_{ni}} \quad (3\text{-}10)$$

于是对于有 N 个人参与的出行，特定选择结果同时发生的概率（联合概率）为：

$$L = \prod_{n=1}^{N} \prod_{i \in J_n} P_{ni}^{\delta_{ni}} \quad (3\text{-}11)$$

上式即极大似然函数。记 L^* 为 L 的对数似然函数则可求得：

$$L^* = \ln(L) = \sum_{n=1}^{N} \sum_{i \in J_n} \delta_{ni}(V_{ni} - \ln \sum_{i \in J_n} e^{V_{ni}}) \tag{3-12}$$

设∇L^*和$\nabla^2 L^*$分别表示L^*对参数向量θ的一阶偏导数和二阶偏导数组。根据极大似然法，令$\nabla L^* = 0$得极大似然方程组，用Newton-Raphson法求解该方程组求解的参数值$\hat{\theta}$即为模型参数值。若以$\mu_1 = 10^{-4}$，$\mu_2 = 10^{-2}$作为收敛标准，则可用图3-2所示Newton-Raphson法标定流程标定参数。

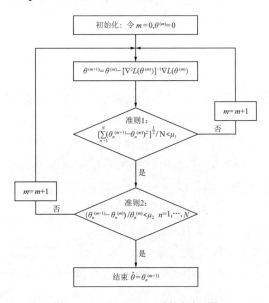

图3-2 Newton-Raphson法标定流程图

3.4.3 模型的检验

根据统计学理论，模型的检验一般可通过t检验、命中率值、极大似然比值等判断参数的可靠性。

（1）t值检验。

$$t_k = \hat{\theta}_k / S_k \tag{3-13}$$

式中：$\hat{\theta}_k$——参数向量$\hat{\theta}$的第k个参数值；

S_k——$\hat{\theta}_k$的标准差。

当$|t_k| > 1.96$时，可以有95%的把握说参数x_{nik}是影响效用函数的主要因素；当$|t_k| < 1.96$时，则有95%的把握认为x_{nik}对路径选择结果没有影响，此时需要从费用函数中去掉该特性变量，并重新标定和检验。

（2）极大似然比。

$$\rho^2 = 1 - L(\hat{\theta})/L(0) \tag{3-14}$$

当ρ^2在 0.2~0.4 之间时就可以认为模型相对较准确，能够反映实际选择的结果。

3.5 静态客流分配

3.5.1 分配方法

静态客流分配用于解决宏观客流指标的统计分析，支撑票务统计分析和运营组织计划编制等工作。通常静态客流分析以一日或特定时段为统计单元，对该时段的客流进行聚合统计分析，因此统计分析粒度较粗。本节阐述静态客流分配的模型和算法。为了方便描述，将分配模型的参数定义如下：

x_a，是指路段a上的客流总量；

f_i^{rs}，是指 OD 对(r, s)第i条有效路径上的流量；

c_i^{rs}，是指 OD 对(r, s)第i条有效路径上的广义费用；

q^{rs}，是指 OD 对(r, s)的客流总量；

P_{ni}^{rs}，是指个人n选择 OD 对(r, s)有效路径i的概率；

$\eta_{a,i}^{rs}$，是指 0-1 变量，若路段a属于 OD 对(r, s)的有效路径i，则$a = 1$，否则$a = 0$；

J_{rs}，是指 OD 对(r, s)有效路径的集；

L，是指网络中所有路段的集合；

R，是指网络中所有起点的集合；

S，是指网络中所有终点的集合；

N，是指网络中所有出行者的集合。

按照随机分布思想，经搜索有效路径、定义效用函数、标定 Logit 模型等步骤后，便可将各起讫点r, s交通量分配到对应的有效路径上。此时 OD 对(r, s)之间有效路径i的流量为：

$$f_i^{rs} = \sum_{n=1}^{q^{rs}} P_{ni}^{rs} \quad (i \in J_{rs},\ r \in R,\ s \in S,\ n \in N) \tag{3-15}$$

特别地，若假定出行者个人属性相同，则个人属性不影响路径选择结果，不同出行者对于有效路径i的选择概率相等。记该概率为P_i^{rs}，则有：

$$P_{ni}^{rs} = P_{mi}^{rs} \quad (\forall m, n \in N \quad m \neq n) \tag{3-16}$$

$$f_i^{rs} = \sum_{n=1}^{q^{rs}} P_{ni}^{rs} = \sum_{n=1}^{q^{rs}} P_i^{rs} = q^{rs} \cdot P_i^{rs} \quad (i \in J_{rs}, r \in R, s \in S, n \in N) \tag{3-17}$$

因 $\sum_{i \in J_n} P_i^{rs} = 1$，所以有 $\sum_{i \in J_n} f_i^{rs} = q^{rs}$，即 OD 对$(r,s)$间客流量总和等于各有效路径流量之和。此时对于任意路段a，其断面流量为所有途经该路段的客流量之和，即

$$x_a = \sum_r \sum_s \sum_i f_i^{rs} \cdot \eta_{a,i}^{rs} \quad (\forall a \in L, r \in R, s \in S) \tag{3-18}$$

3.5.2 主要客流指标统计算法

1）客流指标体系

客流指标是轨道交通运营状况的直观反映，表征了一定时期内车站、线路、网络客流的分布特征，以及在该网络服务下乘客出行的基本特征。对客流指标做合理的分析，是运营企业准确把握网络运营状况的有效手段，也是运营企业指导运输生产的重要依据。对于指导运输企业合理组织运输、合理调度、合理安排人力物力进行生产作业有非常重要的意义。此外，城市轨道交通宏观客流指标也反映了一定时期内城市交通的总体运行状况，是评估城市交通运行、有效开展交通组织的重要参考依据。

客流指标按不同服务层次，可分为车站客流指标、线路客流指标、网络客流指标等。在无缝换乘和自动售检票服务条件下，部分车站客流指标可以通过售检票系统数据分析获取。线路、线网指标则需要通过客流分配（客流清分）进行统计分析。从客流特征角度，又可将客流指标划分为基础客流指标、服务水平评价指标、出行特征指标、客流强度指标、不均衡性指标等，见表3-4。

城市轨道交通网络客流指标　　表3-4

类型	指标名	类型	指标名
基础客流指标	进站量	基础客流指标	车站乘降量
	出站量		断面客流量
	换乘量		客运周转量
	客运量	服务水平评价指标	断面满载率

续上表

类型	指标名	类型	指标名
服务水平评价指标	运力负荷水平	出行特征指标	付费（非付费）乘客比例
	线路分时客流不均衡系数	客流强度指标	客运强度
	线路方向客流不均衡系数		客流密度
	断面客流不均衡系数		线网出行强度
	换乘系数	不均衡性指标	方向不均衡系数
出行特征指标	平均运距		断面不均衡系数
	换乘比例		时间不均衡系数

2）线路OD矩阵

线路OD是车站和线路客流指标统计的基础。假定车站A、D的某个有效路径途经线路L1、L2、L3，在B、C两站换乘，所分配的客流量为FLOW，则FLOW属于线路L1、L2、L3的OD流量，如图3-3所示。

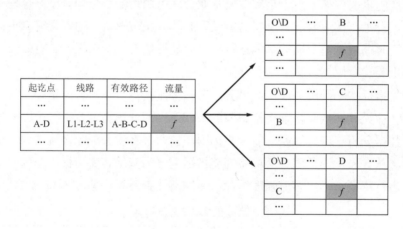

图3-3 线路OD求解示意

3）车站客流指标

车站客流指标主要包括进站量、出站量、换乘量。在无缝换乘和自动售检票条件下，可以从售检票系统统计进、出站量的时空分布。

（1）进站量。

进站量是统计期内车站进站客流量之和。车站r的进站量可表示为：

$$O_r = \sum_s q^{rs} \quad (s \in S) \tag{3-19}$$

式中：O_r——统计期内车站r的进站量；

S——统计期内有出站客流的站点集合。

进站量与车站周边土地利用以及土地功能关系密切，反映了车站对其周边区域出行的吸引力。若车站周边居住类用地为主，则其早高峰进站量往往较大，而晚高峰进站量则较小；若车站周边以商业、办公类用地为主，则其早高峰进站量较小，而晚高峰进站量则较大。

（2）出站量。

出站量是统计期内车站出站客流量之和。车站s的出站量可表示为：

$$D_s = \sum_r q^{rs} \quad (r \in R) \tag{3-20}$$

式中：D_s——统计期内车站s的出站量；

R——统计期内有进站客流的站点集合。

与进站量和土地利用的关系相反，若车站周边居住类用地为主，则其早高峰出站量往往较小，而晚高峰出站量则较大；若车站周边以商业、办公类用地为主，则其早高峰出站量较大，而晚高峰出站量则较小。

4）线路客流指标

（1）线路客运量。

线路客运量是统计期内线路所服务乘客总量。所有在本线乘车的乘客均是该线客运量的一部分。即线路客运量由本线进本线出客流量、本线进他线出客流量、他线进本线出客流量和途经本线客流量构成，如图3-4所示。

$$\text{线路客运量} = \text{本线进出运量} + \text{本线进他线出运量} +$$
$$\text{他线进本线出运量} + \text{途经本线运量} \tag{3-21}$$

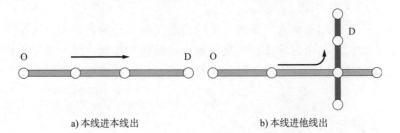

图 3-4

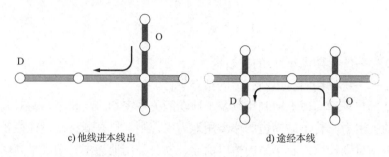

c) 他线进本线出　　　　　　　　d) 途经本线

图 3-4　线路客流量构成

（2）断面客流量。

站间断面流量是统计期内通过该断面的客流量之和，是运营组织方案的重要参考，也是乘车舒适度、满载率等服务水平的重要评价指标。

（3）线路换乘量。

线路换乘量即换入该线的客流总量，反映了线路与其衔接线路之间客流联系的强度。

$$线路换乘量 = \sum 换入线路客流量 \tag{3-22}$$

5）全网客流指标

（1）网络客运量。

网络客流量为城市轨道交通网络中各条线路的客运量之和。

$$路网客运量 = \sum 线路客运量 \tag{3-23}$$

（2）客运周转量。

客运周转量在数值上等于全网所有出行者出行距离的总和，是轨道交通承担每一人次出行的人公里数。

$$客运周转量 = \sum 断面客流量 \times 断面距离 \tag{3-24}$$

（3）平均运距。

运距是一个客运量的乘坐距离，平均运距反映的是乘客乘坐 1 次车的平均距离。全日平均运距与全日客运量的乘积是全日乘客周转量，同时等于全日各线运距与其相应客流量的乘积之和，是衡量线路效益特征的重要指标。

$$平均运距 = 客运周转量 / 客运量 \tag{3-25}$$

（4）平均乘距。

平均乘距是全网出行者完成一次城市轨道交通出行的平均乘车距离。

第 3 章 城市轨道交通网络客流分配技术

$$平均乘距 = 客运周转量/刷卡量 \qquad (3\text{-}26)$$

（5）客流强度。

客流强度是线路客运量与线路长度的比值。客流强度使不同长度的线路的客流效益之间具有可比性。实践当中，客流强度指标常被用于对比不同城市的线网客流效益，评价线网客流效益优劣。

（6）换乘系数。

平均换乘系数是反映乘车方便程度的指标，与线网规模和线网布局形式有关。其计算公式为：

$$换乘系数 = 客运量/刷卡量 \qquad (3\text{-}27)$$

3.6 动态客流分配

3.6.1 动态客流分配的作用

城市轨道交通动态客流分析聚焦于线网客流的时空动态分布，特别是考虑乘车人和列车的时空关系，以求揭示全网客流和车流的时空特征以及二者之间的交互规律。因此，其最大的特点在于客流时间粒度较小，对于客流特征刻画的精细化需求高。由于乘客在线网中的时空分布主要由乘客的车站活动及列车的时空位置决定，动态客流分配的研究重点聚焦于客流和车流之间时空关系的刻画。现有研究多通过融合实时或历史刷卡交易数据，以及实际或计划运行图数据开展。

根据研究功能定位的不同，动态客流分配的研究对象、输入数据源等都有所不同。动态客流分配见表 3-5。

动态客流分配　　　　　　　　　　　　　　　　　表 3-5

列车运行数据	类型	刷卡数据		功能
		进站数据	出站数据	
实际运行图	个体刷卡记录或分时段刷卡数据集	已知	已知	状态复现
实时运行数据	个体刷卡记录或分时段刷卡数据集	部分已知	预测获得	状态监测、短时预测
运行计划图或方案	分时段刷卡数据集	预测获得	预测获得	方案评估、短时预测

45

（1）基于历史出行数据及运行图数据的研究。

通过个体或集计的历史出行数据及相应的列车运行图数据进行动态客流分析，可实现系统历史运行时空状态的复现，从而发掘运营组织中的瓶颈问题，评估运营组织方案的实施效果，为运营组织提供参考。例如，研究特定限流方案下，客流的时空演变特征，可评估限流方案对线路运力负荷等的影响程度。而研究数据可根据研究目的和精细度要求，采用个体刷卡记录或分时段刷卡数据集。

（2）基于实时出行数据及实时运行数据的研究。

实时客流监测有助于掌握系统运行的实时态势，也是应急处置的重要技术支撑。由于运营阶段实时在网乘客出行目的站未知，基于动态客流分配的客流分析需要先预测网络动态OD，即进行短时进出站预测和短时OD分布预测。同样，因研究目的和精细度要求的不同，出行需求数据可采用个体刷卡记录或分时段刷卡数据集。

（3）基于客流预测数据及运行方案的研究。

在大规模网络运行条件下，客流的多维度精细化分析至关重要，精准的客流预测分析是制定运输组织方案的重要支撑。例如，通过预测特殊事件影响下的客流，可以测试不同运行方案下运力和需求的匹配程度，为运行图编制提供基础数据参考。

3.6.2 短时客流预测

1）预测分类

由于预测期内客流由实时在网乘客和预期进入线网的乘客构成，根据预测对象和内容的不同，可将短时客流预测分为进站客流预测、出站客流预测、OD预测、客流分布预测。其中，进、出站预测解决客流的发生和吸引量预测问题，OD预测解决线网客流分布的预测问题，指标预测则是通过特定客流分配方法进行网、线、站多层次客流指标的预测分析。本质上讲，前三者均为单一指标的预测，而客流指标预测则是复杂指标体系的预测分析，应基于前三者的预测结论进行动态客流分析得到指标的预期值。短时客流预测分类如图3-5所示。

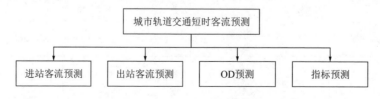

图3-5 短时客流预测分类

2）单一指标的预测方法

常见的车站进、出站、OD 预测方法包括 BP 神经网络、卡尔曼滤波模型、滑动平均法、灰色模型、支持向量机等。

（1）BP 神经网络。

神经网络预测模型是模仿人类大脑的预测模型，该类模型通常由多个神经元组成，主要包括输入层、隐含层（一层或多层）和输出层，其主要通过输入层输入的数据，寻找输入层与输出层的关系，并通过该关系来预测未来的数据。该模型的优点是不需要产生具体的数据公式即可对未来进行预测，但由于其封闭的学习模式，需要足够的数据对模型进行训练，同时训练过程容易出现局部极小和收敛速度慢等现象。BP 神经网络有两个明显的缺陷，一是容易陷入局部极小值，二是收敛的速度慢。

（2）卡尔曼滤波模型。

卡尔曼（Kalman）滤波是一种先进的控制方法，是以 20 世纪 60 年代 Kalman 提出的滤波理论为基础的。在应用于短时交通流量预测之前，已经成功应用在交通需求预测领域，预测精度较高，卡尔曼滤波法是一种基于线性回归分析的成熟的预测方法，它针对线性回归分析模型的一种矩阵迭代式的参数估计方法，具有预测因子选择灵活、精度较高的优点。

（3）滑动平均法。

总体上，波动较为平稳的离散时间序列可看成规律性成分的稳定部分和受噪声因素影响的随机性波动两部分组成，在近似平稳的区间上采用平均处理，得到的值可以作为下一时刻的预测值。城市轨道交通客流具有周期性，每天客流波动具有一定规律性。客流时间序列在每天同一时间段客流量具有相似性，其构成的时间序列具有一定平稳性。因此，可采用滑动平均法对历史客流数据在每天同一时间间隔内构成的时间序列进行建模，并采用滑动平均法来进一步预测相同时间间隔内的客流量。滑动平均模型简单，不需大量样本，且计算速度快，具有较高的预测精度。

（4）灰色模型。

灰色系统基本原则是确定系统因素之间的不相似程度，即进行相关性分析，生成并处理原始数据以找到系统变化的规律，并生成具有强规律性的数据序列，然后建立并求解相应的微分方程，最终达到预测事物发展趋势的目的。以灰色系统理论为基础建立起来的预测模型称之为灰色预测模型（Grey Model，GM）。该类模型可以揭示灰色系统内部事物之间连续发展变化的全部过程。灰色模型预测可以使用较少的不完全的数据信息，通过建立相对应的微分预测模型，从而实现对事物内部发展规律具有一定模糊性的长期描述。

（5）支持向量机。

支持向量机是一种新型的机器学习方法理论。支持向量机属于一种机器学习算法，它的理论基础是结构风险最小化原则。支持向量机在线性可分的情况下寻找最优分类超平面，在经验风险固定的条件下使得置信风险最小，通过将一个从低维空间到高维特征空间的映射，可以较好地处理"高维数"问题。求解支持向量机是一个二次规划问题，所以支持向量机能够得到全局最优解，其算法保证了收敛速度。

以上各类预测方法有各自的优点，但也会受限于方法本身的缺陷，在很多时候难以实现优良的预测效果。为了解决该问题，可通过组合各类预测模型来进行预测。当然，由于组合模型往往比较复杂，实际应用当中预测的时效性也因此面临着挑战。

3.6.3 基于仿真分析的动态客流分析方法

城市轨道交通网络是多因素共同作用的复杂系统，有时仅通过构造数学模型和解析方法不能对其进行比较系统描述，模型的求解也比较困难。对系统内部的逻辑要素和系统建模原理进行分析，仿真模型依托系统的转化过程和行为来构建，几乎不需要对系统进行参数假设和逻辑假设，便能建立包含系统关键因素和边缘细节的模型框架，输出指标和数据，从而对复杂系统问题进行求解。

按照空间位置的不同，可将乘客所接受的出行服务分为站内服务（含换乘）和乘车服务两部分。其中，站内服务阶段乘客时空位移主要受乘客步行特征、车站拥挤度、车站运营组织措施等的影响。乘车阶段则受列车运行状态影响，由列车运行图决定。因此，研究乘客在线网的时空状态本质上是研究线网车流、客流之间的互动关系。

关于客流的发生和吸引量建模，目前研究根据研究对象的不同可分为两类。一是通过乘客个体刷卡数据进行乘客画像分析，据此进行客流吸引和分布的预测。由于该方法以实际交易数据为基础，加之实时交易数据传输和分析的时效性问题，其难以用于客流实时监测和短期预测。二是以特定研究时间粒度为研究单元进行客流的集计分析。考虑到城市轨道交通系统客流的进出站在一定时期内的相对稳定性，充分挖掘和分析历史数据规律将有助于准确把握客流需求的演变规律。因此，实践当中该方法具有更好的可操作性。

此外，进入网络化运营后，客流的时间分布不均衡性日益突出，动态客流分配问题应充分考虑到容量限制造成的乘客滞留问题。考虑容量限制条件下客流的动态分布特征，对于精细化的运营组织开展极具价值。

本部采用集计分析的思路进行客流动态规律的分析，通过建模刻画乘客乘降、列车载客的演变规律，研究容量限制条件下的客流、车流互动关系，仿真分析系统内的客流指标的演变规律。

1）问题描述

常态运营期间，列车按照既定的运营计划保持较高准点率到达、离开车站。根据有关统计数据显示，列车运行准点率可达 99.9%以上。而乘客则以一定的时空规律进入或离开系统以完成出行。受列车容量限制，部分候车乘客因无法乘车而造成1次甚至多次留乘（图3-6）。由此可见，列车的时空运行轨迹及其容量条件决定了乘客的乘车时空轨迹。

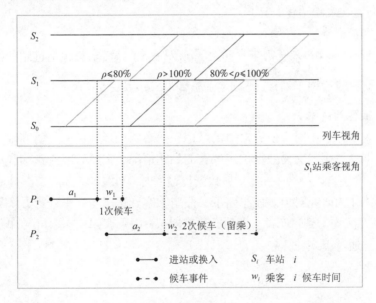

图3-6　乘客时空分布

2）定义

为便于刻画客流和车流交互关系，将模型的变量做如下定义：

H，是指研究时段内，如高峰期间 1h；

S，是指按停站顺序编号的车站编号集合，$S = (0,1,\cdots)$；

i，是指车站i，$i \in S$；

k，是指列车k编号，$k \in (0,1,\cdots)$；

q_{ij}，是指车站i进站、到车站j出站的出行需求量；候车乘客由两部分构成，一是由车站进站的客流，二是车站换乘进入该站的客流；

ρ_{ij}，是指研究时段内，车站i至车站j的客流到达率；为简化分析，假定乘客在车站以到达率ρ_{ij}均匀到达车站；

b_{ijk}，是指车站i乘坐列车k前往车站j的客流量；

a_{ijk}，是指车站i乘坐列车k在车站j的下车客流量；

l_{ijk}，是指车站i欲前往车站j但留乘的客流量；

v_{ik}，是指列车k到达车站i时的载客量，$v_{0k}=0$；

v_{ik}'，是指列车k离开车站i时的载客量；

w_{ijk}，是指车站i欲前往车站j的候车客流量；

v^*，是指列车载客量上限。

3）到离及乘降特征

（1）客流需求。

研究时段内车站i乘车需求总量为$\sum_{j} q_{ij} \forall j \in S$。该需求量包括进站和换入客流两部分；研究时段内车站j的到站客流总量为$\sum_{i} q_{ij} \forall i \in S$。

（2）乘客到达率。

乘客到站分析中对于研究对象的考虑一般有两种形式：一是研究乘客个体出行数据，即通过刷卡交易数据确定乘客的到达情况。在短时客流预测和动态分析的研究中，该方法对AFC系统交易数据传输的时效性要求较高；二是将单位时间内客流集体作为研究对象。该思路下，假定乘客到达率与列车开行方案无关，车站i的候车客流均匀到达车站。此时，研究时段H内乘客到达速率ρ_{ij}（单位时间内的到达量）通过下式计算：

$$\rho_{ij} = \frac{q_{ij}}{H} \tag{3-28}$$

式中：q_{ij}——研究时段T内车站i到车站j的客流量。

（3）乘客到达量。

列车$k-1$离开后、列车k到达车站i时，车站i进站和换入的客流总量为：

$$q_{ijk} = \sum_{j \in s} \rho_{ij} h \tag{3-29}$$

式中：h——发车间隔。

4）乘降特征

（1）下车客流量。

假定列车k离开车站i时的车内乘客按照后续车站j所吸引客流总量占比下车，则自车站i乘坐列车k在车站j下车的客流量为：

$$a_{ijk} = v_{ik} \cdot \frac{q_{ij}}{\sum\limits_{j} q_{ij}} \qquad (j > i,\ j \in s) \tag{3-30}$$

其中，$v_{0k} = 0$。列车k在车站j的下车总量为$\sum\limits_{i=0}^{j-1} a_{ijk}$

（2）上车乘客量。

上车乘客根据列车停站情况、载客情况分三种情形考虑。当车站不停车时，途经列车上车客流量为 0；当乘车需求量超过列车允许的满载率时，上车乘客量受满载率上限限制；当乘车需求小于满载率上限时，所有乘客均可上车。即：

$$b_{ijk} = \begin{cases} 0 & y_{ik} = 0 \\ w_{ijk} & v_{ik} - a_{ijk} + w_{ijk} \leqslant v^* \\ v^* - (v_{ik} - a_{ijk}) & v_{ik} - a_{ijk} + w_{ijk} > v^* \end{cases} \tag{3-31}$$

（3）留乘乘客。

仅当乘车需求大于满载率上限时有乘客留乘。即$v_{ik} - a_{ij,k} + w_{ij,k} > v^*$时有乘客留乘。此时留乘量为：

$$l_{ijk} = w_{ijk} - b_{ijk} = w_{ijk} - [v^* - (v_{ik} - a_{ijk})] \tag{3-32}$$

首站无留乘客流，$l_{1jk} = 0$。

（4）候车乘客。

车站i在列车k到达时的候车乘客量由两部分组成，一是留乘乘客$l_{ij,k-1}$，二是列车$k-1$离后列车k到达前的到站或换乘乘客。若以ρ_{ik}表示列车k到达前的客流到达率，则两列车发车间隔h的到达或换入客流量为$\rho_{ik}h$。车站i在列车k到达时的候车乘客量为：

$$w_{ijk} = l_{ij,k-1} + \rho_{ik} \tag{3-33}$$

5）载客特征

列车k在离开车站时的载客量为：

$$v_{ik}' = v_{i,k+1} = v_{ik} + b_{ij,k} - a_{ij,k} \tag{3-34}$$

当$y_{ik} = 0$时，$v_{ik} = v_{ik}' = v_{i,k+1}$。

3.7 小结

本章通过分析城市轨道交通出行与道路交通出行在路径选择方面的差异，探讨了出行路径选择的主要影响因素。并提出了基于 SP 调查的路径选择行为研究方法，给出了 SP 调查设计的基本步骤及问卷设计方法。最后，分别阐述静态和动态客流分析方法。

第 4 章

城市轨道交通客流仿真技术

城市轨道交通系统是一个由乘客、列车、基础设施等要素构成的复杂系统，理解和掌握该系统中各要素的演变机理，是精准开展运营组织管理的关键任务之一。由于城市轨道交通基础设施建设阶段对精细化管理的认识和技术储备不足，我国城市轨道交通运营组织决策仍以定性分析和经验判断为主。已进入网络化运营的轨道交通系统普遍存在供需矛盾突出、安全风险严峻、发展质量不高、智慧化水平较低等问题。基于交通仿真技术开展车站客流的分析、预测、监测，为有针对性地开展运营组织、安全风险监控、大客流风险管控等提供了定量的技术支撑。

本章重点研究城市轨道交通仿真技术基础理论，总结其在工程实践中的应用。探讨从系统工程学角度研究车辆、乘客、环境要素的状态演化机制，实现基于数据驱动的系统运行态势监测和仿真分析。

4.1 城市轨道交通系统仿真

4.1.1 概述

（1）系统仿真。

系统仿真是指根据系统分析的目的，在分析系统各要素性质及其相互关系的基础上，建立能描述系统结构或行为过程的且具有一定逻辑关系或数量关系的仿真模型，据此进行试验或定量分析，以获得正确决策所需的各种信息。

根据系统状态的变化过程，可以将系统仿真分为连续系统仿真和离散系统仿真。连续系统仿真中，时间通常被分割成均等的或非均等的间隔，并按照一个基本的时间粒度进行状态更新。离散系统的仿真则经常是面向事件的，时间指针往往不是按固定的增量向前推进，而是由事件推动而随机递进的；根据时钟的分类不同，可将系统仿真分为实时仿真、准实时仿真；而根据仿真关注尺度的大小，可将仿真分为宏观、中观、微观仿真。

（2）交通系统仿真。

交通系统仿真是采用数学模型、利用计算机软件复现交通现象在时间、空间上的变化，反映复杂交通现象的交通分析方法，是计算机仿真技术在交通领域的一个重要应用。

（3）城市轨道交通系统仿真。

如前所述，作为系统仿真的重要应用场景，城市轨道交通系统仿真针对仿真目的和需求场景的不同，也可分为实时仿真、非实时仿真、离散仿真、连续仿真等。此外，城市轨道交通网络系统是一个乘客出行和列车运行结合的动态过程。在这一过程中，列车线路按照制定的开行方案服务乘客；而乘客则按照个体或群体的出行特征通过系统内的各类服务设施并到达目的地。在这一层面上，按照仿真关注对象的不同，可将城市轨道交通系统仿真划分为客流仿真和列车运行仿真。由于二者之间存在时空依赖性，大部分仿真场景中，需要统筹考虑二者之间的耦合关系。同时，按照仿真规模的不同，城市轨道交通仿真又可分为路网仿真和车站仿真等。城市轨道交通系统仿真场景分类如图4-1所示。

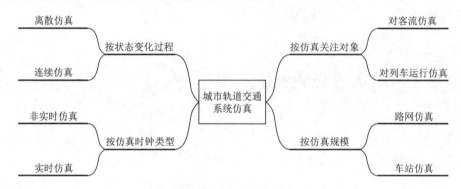

图4-1　城市轨道交通系统仿真类型

4.1.2　城市轨道交通系统仿真特点

1）仿真对象

城市轨道交通客流的仿真的对象主要为列车与乘客。列车的运行规律可以通过建立运动模型，融合运行时刻表、线网拓扑、信号系统等数据建立模型表征。与之相比，乘客的出行行为较为复杂，不仅需要考虑到乘客出行起讫点的不确定性，还需要考虑到乘客在车站空间走行、线网路径选择等的不确定性问题。

（1）列车运行仿真。

列车运行仿真主要对列车运行图、列车牵引、信号连锁、闭塞等建模，模拟列车在城市轨道系统中的运行。一般用于微观能力计算、线路设施布局分析、调度指挥辅助决策等领域，涉及列车运行、牵引动力、能耗分析等问题。

（2）客流仿真。

狭义的客流仿真主要指车站客流仿真。通过车站仿真可对车站出入口数量、站台面积、通道宽度、换乘条件、站厅容纳能力等设施、设备能力进行检验。也可以对车站及重要设施设备疏散能力进行仿真测试，以支持安全评估和应急处置。

从空间分析，常见的乘客在车站走行过程大致可分为：进入站厅付费区、到达站台、乘坐列车、（换乘站台-站厅-站台、换乘列车）、到达站台、站厅出站。由于乘客在车站的活动相对简单，且各环节存在明显的时序性和独立性，因此离散仿真也常被用于车站的客流仿真。根据其特点，主要应用于设施设备服务能力的评估。

（3）"列车-客流"融合仿真。

"列车-客流"融合仿真的仿真尺度可能为宏观和中观仿真。其目的在于通过利用数学模型近似模拟客流在轨道交通系统中的出行情况，研究车辆、乘客、环境要素的状态演化机制，通过仿真数据分析断面客流、计算路网客流分布、优化车站设计、分析运输组织方案的实施效果等。

2）仿真规模

（1）车站仿真。

城市轨道交通车站仿真是对乘客在车站内的活动进行仿真模拟，如乘客进站、出站、上车、下车、换乘、走行等行为，更加细致的乘客行为还包括乘客在站内各种设备设施上走行过程中的加减速、跟随、超越、避免碰撞、排队等细节。通过仿真再现客流在占用各设施设备过程中的选择规律和行为，以及各设施设备的负荷强度。车站仿真可为车站能力计算、车站设计方案评估、客流控制方案评估提供支持。

（2）线网仿真。

在网络化运营的条件下，构建全网基础设施模型，模拟乘客在路网范围内的出行活动和列车运行过程，可以获得全网客流分布的动态变化。可对运输能力及其利用状况进行仿真计算，以鉴别系统的运输瓶颈，为优化运能配置提供技术支持；可对全路网的运输计划进行协调性评估，分析运输计划与客流需求的匹配程度；可以评估城轨系统对突发状况的应急处置能力。

3）仿真时钟类型

仿真时钟是仿真过程中的时间变量，实现从一个时刻向另一个时刻推进，并可随时反映系统的当前状态。

（1）实时仿真。

实时仿真是指仿真模型的时间比例尺与真实系统的时间比例尺一致。仿真系统中的列车、客流、设备按照真实的时间变化进行活动。实时仿真系统可实时接收动态输入，并产生动态输出，输入和输出通常具有固定采样时间间隔。

（2）非实时仿真。

非实时仿真是指仿真模型时间比例尺与真实系统的时间比例尺不一致，或慢于真实系统时间，或快于真实系统时间，不同的仿真目的需要不同的仿真时钟速度。如，可通过建立非实时仿真模型，加速复现系统内网、线、站、车、人的历史时空演变过程，从而发现和评估系统运行存在的瓶颈。

4）应用场景

（1）线网客流状态监测。

线网的客流状态包括了车站乘客流（服务）状态、乘客候车聚集状态、乘客列车聚集状态等多个不同的场景，采用直接测算的方法很难对各个场景动态的状态进行分析，因此仿真手段是一种理想的线网客流状态监测方法。

（2）列车开行服务水平评价。

城市轨道交通列车运行计划服务于乘客出行需求，线网中全体乘客的旅行时间也反映了列车运行对乘客出行服务的满足程度。

（3）车站服务设施评价。

车站服务设施评价也是服务水平分析中的重要一环，车站服务设施服务效率通常由客流通过的速率来反映，但是现实中获取全体乘客在不同场景的通过速度较为困难，仿真提供了一种较为可信的技术手段。

（4）列车开行计划及客流组织方案的测试。

线网客流状态受多种因素影响，前文中提到的客流分析由某一具体场景出发，通过分析线网客流的出行特征，提取这一场景下适用的客流变化逻辑规则，对客流的状态进行分析。

4.2 客流仿真模型及软件

客流仿真模型可以分为基于力学的模型和基于规则的模型。基于力学的模型又分为磁力模型和社会力模型（SFM）。基于规则的模型又可分为元胞自动机模型CA和Agent模型。对于以上模型的分类，可以从是否有明确的目标点、模型构建

第 4 章　城市轨道交通客流仿真技术

的特点、行人空间抽象、向目的地运动的方式、排斥作用、赋值方式、模型的可控性、现象描述以及参数标定方式这几个角度划分，见表 4-1。

客流仿真模型分类　　　　　　　　　　　　　　　　　　表 4-1

仿真模型分类	基于力学的模型		基于规则的模型	
	磁力模型	社会力模型 SFM	元胞自动机模型 CA	Agent 模型
明确的目标点	有	有	无	有
模型构建特点	基于方程	基于方程	基于规则	基于规则
行人空间抽象	平面坐标系	平面坐标系	网格	平面坐标系
向目的地运动	异极相吸	期望速度	定义方向	定义方向
排斥作用	同极排斥	相互作用力	运动规则	运动规则
变量赋值	任意赋值	物理意义	0 或 1	物理意义
模型可控性	一般	弱	强	强
描述现象	排队、路径搜索	排队、自组织	排队、自组织	排队、自组织
参数标定	观测	观测	分析基础数据	观测

目前，在行人行为的微观模型中，社会力模型与元胞自动机模型应用最广泛。在社会力模型中，行人运动受内在和外界两方面社会力的影响。内在社会力即驱动力，反映人的主观意识。外在社会力包括行人间和行人与边界、障碍物之间的作用力。而元胞自动机模型的规则较为简单，反映行人的行为不够精确。

常用的客流仿真软件有 MassMotion、Legion、STEPS、Legion、Anylogic 等。表 4-2 为各软件核心模型、输入输出、相关特点的对比分析。

常用客流仿真软件分析　　　　　　　　　　　　　　　　表 4-2

软件	核心模型	输入	输出	特点
MassMotion	SFM	输入 3D 模型，设置行人参数，列车到达参数	输出用于演示的三维视频和图片	支持动态三维模型导入和分析，可直观进行行人模拟，对人群分析
Legion	CA	建筑空间布局，实体物理半径、步行速度、行人的横向摆动位移、行人空间要素等	图形、数据、图表，输出人流密度、步行时间、疏散时间、步行速度、排队长度、空间利用率等	二维功能完善，参数体系健全；可视化渲染效果较差且运行速度慢
Steps	CA	建筑空间布局，行人的三维尺寸、耐性、步行速度、对周围环境的熟悉程度等	数据文件有人流量、人群密度、所使用的出口、空间利用率等。交互式三维和二维可视化图形、动画和图片	Steps 模拟软件模拟过程具有很高的可视化水平。模拟存在一定的随机性

续上表

软件	核心模型	输入	输出	特点
SimWalk	SFM	建筑空间布局，仿真全局参数，创建起始点（区）、退出点（区）、等待点（区）等对象并定义参数	四种显示模式，截图和动画、事件统计、个体统计、人群统计、出口统计等	模拟较为直观，和时刻表数据自动集成
AnyLogic	SFM	创建环境对象并设置属性，创建行为流程图并设置对象属性	输出动画和行人数目、平均密度、停留时间等数据	支持自主构建、开源且可视化较高的系统动力学软件
Vissim	SFM	输入道路模型、创建不同车型信息、行人路线信息，接入不同的组织线路、车流量数据、信号灯数据	输出仿真动画、车辆或行人延误、排队等候时间、行程速度指数等数据	多用于交通中跟车模型，兼具人车模块，三维仿真效果较好；行人参数和功能较少
NOMAD	SFM	输入条件包括仿真区域网络拓扑、行人流的组成、步行参数、不同行人组的活动内容、事件背景。决策模型分为2个层次：策略层模型和行动层模型	可输出行人集中区域的行人出入量、行人在各个功能区域之间的步行时间，以及枢纽空间内不同地点的密度	NOMAD模型的结构，既包含了最大效益模型，又包含了力学模型
Building EXODUS	CA	软件通过采用C++面向对象编程技术及规则库概念对模拟过程进行控制	可输出人群密度周线图，乘客平均疏散时间	可与CFAST、SMARTFIRE软件联动

4.3 离散事件仿真建模

4.3.1 概述

离散事件系统仿真是用计算机对离散事件系统进行仿真实验的方法，相比于解析模型，其优点在于不需要解析模型的显式过长的求解时间就能够准确地反映系统内的顾客和服务台节点的状态。基于客流的动态随机性，应该真实地反映在车站节点的服务设施对客流以及客流内部的影响关系，例如客流在车站的堵塞传播以及客流拥堵的消散过程；而在解析模型中，人们常常忽略乘客在整个动态服务过程中的连续性和受系统状态相关的影响，将系统的不同状态割裂开。离散事件仿真方法的另一个优点在于能够对动态过程中的每一时刻的状态进行反馈，从而获取整个动态过程的系统状态。

在交通系统的研究中，仿真主要可以分为两类：关注行人特征的微观系统仿真和基于中观层面的离散事件仿真。相比微观仿真的复杂参数和个体设定，中观层面的离散事件仿真搭建更简单、运行更高效。

离散事件仿真广泛应用于日常生产活动之中，诸如物流仓储、医院调班、门诊排队等问题。通常认为当复杂系统难以用解析方法求解时，离散事件仿真是最具鲁棒性的求解方式。

4.3.2 离散事件仿真策略

将系统抽象模型转化为计算机仿真模型，需要首先确定仿真模型的控制逻辑和仿真时钟推进机制。离散事件仿真公认的仿真策略分为三种：事件调度法、活动扫描法及进程交互法。其他各类仿真策略均通过以上三种最基础的仿真策略进行演化。

（1）事件调度法（Event Scheduling）。

事件是离散事件系统的基本概念，事件的发生引起系统状态的改变。事件调度法以事件为分析系统的基本单位，通过定义事件、事件发生的时间顺序及其系统状态的变化，并以事件来驱动仿真模型的运行。仿真模型中的事件存放于"事件表"中，通过时间控制模块从事件表中选择最先发生的事件；重置仿真时钟，并调用与该事件对应的事件处理模块，更新系统状态，决定未来将要发生的事件；当前事件结束后，返回时间控制模块；重复事件的选择与处理，直到仿真结束。

（2）活动扫描法（Activity Scanning）。

活动扫描法以"活动"作为分析系统的基本单元，这里的活动等同于对象的"操作"。该方法认为仿真系统的运行是由若干活动构成，每一活动对应一个活动处理模块，处理与活动相关的事件。一个活动可以由"开始"和"结束"两个事件表示，每一事件都有相应的活动处理模块。处理中的操作能否进行取决于时间及系统状态。一个对象可以有几个活动处理模块。每一个进入系统的临时对象都处于某种活动的状态。活动的激发与终止都会形成新的事件。

（3）进程交互法（Process Interaction）。

进程交互法的基本模型单元是进程。进程由和某类对象相关的事件及若干操作组成，一个进程描述了它所包括的事件及操作间的相互逻辑关系和时序关系。通过为每个临时对象建立一个进程，来反映它从产生开始到结束为止的全部活动。进程交互法试图把活动扫描法和事件调度法方法两者的优点结合起来。这种方法认为系统的行为可由一组进程来描述，一个进程是对一系列连续的事件和活动的描述。每个临时对象都有自己的一个进程，随着仿真的进行，相继通过这个进程的各个阶段。在任意一个时刻，系统中可能存在许多临时对象，这些对象都按照自己的进程流动，可能处在进程的不同阶段。各进程之间相互作用，引起临时对象的延迟和移动，从而构成了系统的动态变化过程。在仿真过程中，每个临时对象沿着自己的进程向前移动，直到由于某种原因移动被中止，从而产生一定的延迟；一旦满足某些条件，延迟被解除，则临时对象继续向前移动，而且尽可能移过多个阶段。

4.3.3 排队系统理论

排队论是一种对排队等待现象的分析方法。最早起源于A.K.Erlang对哥本哈根电话设施的排队情况研究，后来被广泛应用于工程控制和计算机通信等领域。20世纪50年代，D.G.Kendall对排队论进行了系统的研究，基于Markov链研究排队论并首先提出了用A/B/C的符号表示方法，其中A表示受服务者到达时间分布，B表示服务时间的分布，C表示服务系统中的服务台的个数。

排队论的分析方法对基于顾客接受服务的服务系统具有良好的描述效果。其本质是通过对服务对象到来及服务时间的统计研究，从而得出排队现象的统计规律和数量指标，如等待时间、排队长度等，然后根据这些规律来改进服务系统的结构或优化组织服务对象，使得服务系统既能满足服务对象的需要，又能使机构的某些指标最优。

1）排队系统构成

排队系统由服从某一分布到达的客流和对其进行服务的一定数量并且服务时间服从某一分布的服务台构成，基本排队系统可以通过这几个特征进行描述：

（1）到达模式。

到达过程可以由顾客的到达时间间隔的概率分布来确定。平均到达率是描述顾客到达模式的重要指标，取平均到达时间的倒数。

（2）服务模式。

服务模式由顾客完成服务所用的时间的概率分布来确定。平均服务率是描述顾客服务模式的重要指标，取平均服务时间的倒数。服务模式通常有每个服务台每次对单个顾客进行服务以及每个服务台每次对顾客批量服务两种形式。

（3）服务台数量。

服务台的关系存在串联和并联两种形式。到达系统的顾客首先会选取空闲服务台接受服务，而在所有服务台都被占用的条件下，顾客会在服务台前的队列中等待，这时会出现排队现象。

（4）系统容量。

有些情况下，排队队列只能容纳一定数量的顾客数目。如果到达的顾客超出了系统的容纳能力，则超出的部分顾客会离开系统相当于损失掉了这部分客流。

（5）排队规则。

如果没有服务台空闲，只有在某一服务台对其当前顾客服务完成后，队列中的顾客才会进入该服务台接受服务。队列中乘客接受服务的顺序往往遵循：

①先进先出（First In First Out）：先进入队列的顾客优先得到服务。

②后进先出（Last In First Out）：后进入队列的顾客优先得到服务。

③优先服务（Priority Service）：根据队列中顾客的属性值的大小接受服务。

一个现实中的排队系统可以通过对其顾客的到达分布A，服务台的服务时间分布B，服务台数C_1，系统容量 C（$C_1 < C$），以及服务规则和排队规则来进行描述。依据 Kendall 的表述方法，可以简化为$A/B/C_1/C$。排队系统示意图如图 4-2 所示。

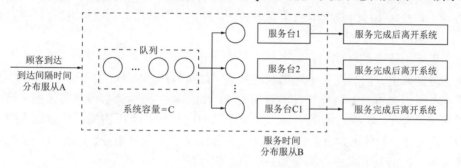

图 4-2　$A/B/C_1/C$排队系统示意图

2）排队模型

（1）车站主要服务台。

AFC 系统获取的刷卡数据可很好地反映各闸机客流的运行态势。进站闸机-AFC 平台的工作原理如图 4-3 所示。

图 4-3　进站闸机服务过程

乘客刷卡时 AFC 系统采集乘客进站信息，经合法性校验通过后，闸机允许乘客通过。若视 AFC 数据采集的信息为乘客在付费区域的到达信号，视乘客通过闸机过程为乘客进入付费区的过程，则该区域排队模型只需考虑客流到达闸机的分布规律，以及闸机后续的排队过程即可。乘客在付费区的服务过程如图 4-4 所示。

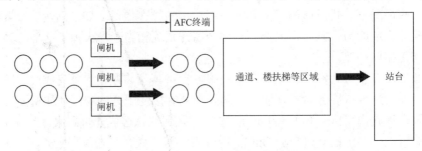

图 4-4　乘客在付费区的服务过程

在 AFC 数据统计得到乘客达到率的基础上，可将付费区内乘客服务设备设施模型化。在车站乘客的进站过程中，有明显服务台的服务设施主要包括自动售票机、人工售票亭、闸机和列车；无明显服务台设施主要包括通道、楼梯和自动扶梯等。本书只针对付费区中的主要服务台：通道、楼梯和自动扶梯进行排队分析。

①通道排队系统。

现实中通道的转向和开口各异，例如有存在单向或双向客流的通道，也有交叉客流的通道，但是对于不同形状的通道（如折线形、Y 形、T 形和十字形通道）都基本可以通过割补转化成几段直向通道。如图 4-5 所示，假设乘客按照一定的时间间隔分布 A 到达通道入口，如果把单向通道的每个可占用的位置作为服务台，那么简单的通道及其客流就可以抽象为具有 C 个混联服务台的A/B(n)/C/C排队系统，B(n)表示服务时间受到系统状态的影响。

同样，对于如图 4-6 所示的双向客流通道。乘客分别按照A_1和A_2的分布从两侧到达通道入口。乘客服务时间均值同样随着系统状态顾客数的增加而增长、标准差变化。根据胡路、张改等，如果把乘客在出入口两侧服从的到达分布合成一股时间间隔服从分布A的客流，那么双向客流的通道系统就可以转换为A/B/C/C单向客流的通道排队系统，而单向客流实际上也是作为一种特殊的双向客流存在，只是某一方向上的客流量为零。

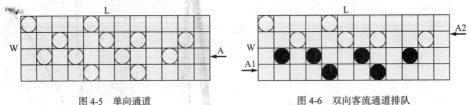

图 4-5　单向通道　　　　　　　　　图 4-6　双向客流通道排队

②楼梯排队系统。

对于如图4-7所示长度为L、宽度为W、坡角为φ（单位rad）的楼梯系统，其考虑方式与通道类似，同样存在上下行和上下混行的状态。因此可以把楼梯服务系统转化为A/B(n)/C/C的通道服务系统，其中A为单向或者双向客流到达分布的叠加，B(n)为受系统状态影响的服务时间，C为楼梯系统的容量。

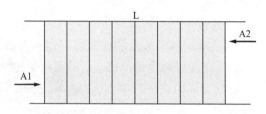

图4-7 楼梯排队

③自动扶梯排队系统。

自动扶梯排队系统（图4-8）对于长度均为L（单位为m），倾斜方向上的运行速度均为定值V（单位为m/s），把乘客在自动扶梯每个有效利用位置作为服务台。与通道和楼梯不同，无论自动扶梯及其进口处的总人数n（也称为系统状态）如何增加，乘客通过自动扶梯的时间$B = L/V$（视为服务时间，并假设乘客不在自动扶梯上行走）始终不变；将自动扶梯的客流服务抽象成乘客到达时间间隔服从A分布、有C_1个混联服务台、乘客总服务时间为定长分布、容量为C的混联排队系统，简记为A/D/C/C。

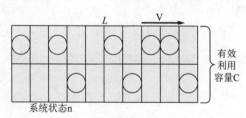

图4-8 自动扶梯排队

④候车排队系统。

候车排队系统（图4-9）模拟了站台区域乘客等待上下车时的排队过程，该过程可被视为单服务台批量服务过程。该排队系统只有在列车到达乘客下车之后，站台乘客才会开始上车。假定乘客到达站台的时间间隔服从A分布，列车到达时间间隔分布服从B_1，停稳开门乘客下车的服务时间分布服从B_2，候车乘客开始上车，考虑列车容量的同

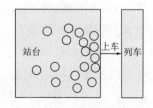

图4-9 站台候车聚集状态

时结合现有的停站时间开始对上车乘客进行服务,列车满员或者停站时间结束为服务中止,列车关门开行进入区间(如果因为列车满员服务中止,则列车关门等待满足停站时间后再开行进入区间)。则候车排队系统基本可以抽象为$A/(B_1+B_2)/1/C$。

考虑列车一次性服务的候车乘客数取当前状态站台乘客数与列车富余载客能力的较小值,采用限定停站时间的方法,避免后续列车运行入侵前行列车的安全距离,或者前行列车影响后续列车的运行速度。

⑤系统服务率及变异系数。

基于以上分析,只需要确定各服务台的离散客流到达率和各抽象服务台的服务率、服务台数量、排队规则即可确定该网络。离散客流到达率λ和变异系数的平方c^2可以通过出入闸机时间间隔数据统计得到,$\lambda=\frac{1}{EX}$, $c_a^2=\frac{VAR(X)}{E(x)^2}$,此外还需要对服务台的服务率、服务时间变异系数和服务台数进行标定。

通道和楼梯排队的服务时间会随着系统状态的变化而变化,表现为系统状态的乘客越多,拥挤度越高,服务时间均值越长,将这种现象称为服务时间的状态相关。

(2)列车运行过程。

列车作为城市轨道交通运营过程中客流的载体,对其运行仿真过程的准确刻画是模型精准模拟系统演变、刻画乘客位移特征的关键。如图4-10所示为列车在站间运行的拓扑结构。若将一个区间抽象为列车的服务台,则一个区间服务台可以服务多辆列车。假定列车的发车间隔服从分布A,列车在区间的服务时间服从分布B_1,列车在车站停靠的时间服从分布B_2,区间能够容纳的运行列车数量可以抽象为区间容纳能力C,容纳能力也可以等效地表示服务台数C。因此按照Kendall的描述方式,则列车在区间的服务过程可以抽象为$A/(B_1+B_2)/C/C$。

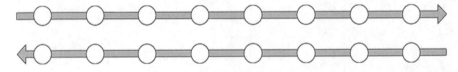

图4-10 单线双向列车运行的拓扑结构

若将车站站台抽象为列车在车站的服务台,并假设列车到达车站的时间间隔服从分布A列车的停站时间服从分布B,由于每个站台一次只能停靠一列列车,即每次只能服务1个顾客,等效容量为1,则列车在车站停靠的服务过程可以抽象为A/B/1/1。

而在列车系统运营控制中,列车可严格按照时刻表准点到发及运行。因此,可假设列车在特定区间的运行时分、在特定站的停站时间和发车时间间隔都是定值。此时,列车在区间的运行过程可以抽象为D/D/C/C,而在站台停靠的过程可以抽象为D/D/1/1。

4.3.4 车站微观行人系统仿真模型

（1）车站乘客服务网络模型。

基于动态客流在地铁车站售检票设施排队网络系统接受服务的过程，以下对乘客在到达站台前的付费区排队网络进行描述分析。

广义的乘客车站进站过程的队列式服务设施包括自动售票机、人工售票亭、安检通道、闸机等需进行队列等待-接受服务-服务完成等一系列过程的服务设施，如图4-11所示。研究车站进站服务网络时，通常将该类服务设施作为车站服务节点进行建模，模拟其服务台数量、服务台前队列等待人数、服务时间等。

狭义的乘客付费区进站过程为乘客从进站闸机到达站台的过程，即乘客依次进入付费区通道和去往站台的楼（扶）梯的过程。

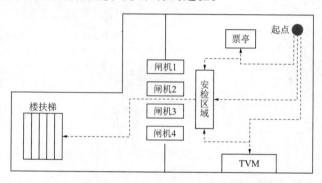

图 4-11 车站付费区排队网络（站厅层）

如图4-12所示是一组常见的付费区进站排队网络，由一个抽象的通道排队系统和一个抽象的楼（扶）梯排队系统组成，乘客离开楼（扶）梯时即视为进入站台候车排队。该网络的输入流为基于AFC数据的进站客流，客流服从先到先服务的原则按照通道服务—楼扶梯服务的顺序进行转移。

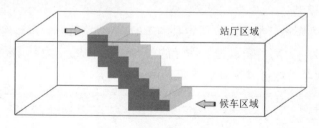

图 4-12 车站付费区排队网络（付费区）

（2）换乘客流排队过程。

换乘站客流仿真的关键问题在于如何对换乘客流进行排队抽象。国内主要城市的换乘站布置主要为如图4-13a）、b）两种布置情况。其中，图4-13a）的客流服务过程是到达站台-楼扶梯-通道-楼扶梯-目标站台的过程；图4-13b）是到达站台-楼扶梯-目标站台的过程。

由于国内换乘站普遍采用基于通道、楼扶梯的换乘形式，可将列车到达站台视为通道，通道长度L取换乘楼扶梯入口与屏蔽门之间的平均距离，通道宽度W取屏蔽门的宽度。假定乘客在换乘站下车的过程为短时间批量完成，乘客在通道、楼扶梯等排队系统的服务过程服从$PH(n)$分布，则结合非换乘站的排队系统抽象和分析，参照付费区进站客流排队网络，可以把乘客在换乘站的换乘服务过程抽象为通道$PH/PH(n)/1/C$、楼梯$PH/PH(n)/1/C$、扶梯$PH/D(n)/1/C$组合的换乘客流排队网络模型。

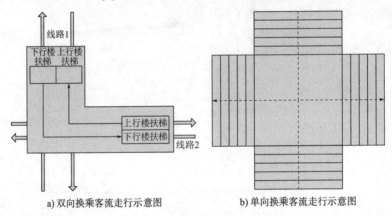

a) 双向换乘客流走行示意图　　b) 单向换乘客流走行示意图

图4-13　换乘客流走行过程

4.3.5　线网中观系统仿真模型

1）列车运行过程模型

（1）排队模型。

对于某一列车运行线路L_x，假定某列车h在该线路某方向运行经过n个车站，其车站集合为K_{L_x}，$K_{L_x,i}$表示为其途经的第i个车站，$S_{L_x,ij}$为其途经的第个i区间（$j=i+1$）。列车的运行过程可描述如图4-14所示。

图4-14　某线列车单方向运行拓扑结构

第4章 城市轨道交通客流仿真技术

列车实体生成之后会直接进入车站排队系统,此时可认为列车依据既定发车时间点从首发站发车。列车生成器生成时刻即列车在首发站的到站停靠时刻,即对于下行列车h有$T_{发,L_x,h} = T_{到,K_{L_x,1}}$;列车实体进入存储器的收车时刻即为列车离开终到站站台的时刻,即$T_{收,L_x,h} = T_{发,K_{L_x,n}}$。

类似地,对于L_x线路上h列车的上行运行过程有$T_{发,L_x,h} = T_{到,K_{L_x,n}}$和$T_{收,L_x,h} = T_{发,K_{L_x,1}}$。

(2)时刻表计划。

列车时刻表约定了列车发车、运行、停站等状态的时间要素及状态演变次序。相较于铁路运行系统,城市轨道交通列车运行图有其显著的特点。例如,同一线路的列车车型、编组形式等往往相对固定。特定时段内,列车发车、区间运行、停站等的时间参数相对固定等。

2)乘客上下车过程控制

(1)列车到站-乘客上下车关联。

在获取 AFC 刷卡数据的基础上,仿真过程仅需考虑乘客到达闸机后的排队服务和站台候车即可。进入付费区的客流排队系统可以区分为两个排队过程,即客流进站排队过程和候车排队过程。这两个过程都在第 3 章中进行了抽象描述,本节基于此对车站服务过程进行建模。

进站客流的上车过程示意如图 4-15 所示。具体过程包括:乘客由输入端进行初始化输入,而后依次进入抽象的$C_1 = C$的通道排队系统、楼梯或扶梯排队系统、站台候车队列。列车到站后门控系统打开,统计排队指标并使上车过程中满足条件$P_{上,K_{i,h}} = \min[P_{K_i}, O_{到,h,i}]$。

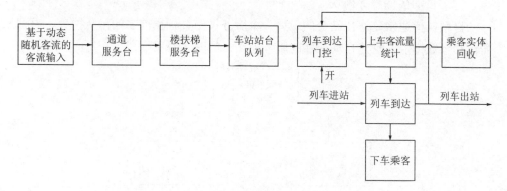

图 4-15 乘客进站上车过程

（2）乘客实体生成。

搭建乘客进站客流的实体生成模块，如图4-16所示。其中，乘客的生成服从PH分布，常量到达率λ和变异系数的平方c_a^2分别为确定PH分布的参数。可由生成器生成仿真实体，并生成客流实体的时间标记。

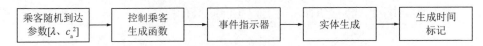

图4-16　进站客流实体生成模型

（3）通道服务模块。

通道服务通常是乘客进入付费区域的第一个服务台，根据前文的排队抽象、模型简化和参数标定，搭建如图4-17所示的通道服务模型。

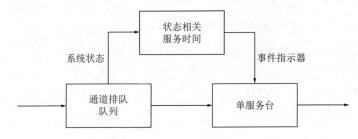

图4-17　通道服务模块

编写状态相关的服务时间计算模块，通过读取通道服务台和排队队列中的系统状态（乘客数量），生成当前状态下的服务时间并反馈给单服务台。楼梯服务模型搭建与通道服务模型基本类似。

（4）自动扶梯服务模块。

自动扶梯通常是通往站台的最后一个服务设施，根据前文的排队抽象、模型简化和参数标定，搭建自动扶梯的服务模型，如图4-18所示。

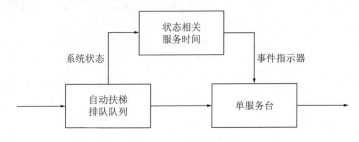

图4-18　自动扶梯服务模块

（5）站台上车服务与列车门控模块。

城市轨道交通系统与一般的服务系统不同的是，位于站台的乘客候车服务过程并非连续的服务过程，其服务台的开启受列车运行过程的直接影响。即：

$$\begin{cases} K_i \text{站台列车容量} = 1, K_i \text{站候车乘客排队上车;} \\ K_i \text{站台列车容量} = 0, K_i \text{站候车乘客在站台排队。} \end{cases}$$

因此，需要用列车的到发状态来控制乘客的上下车状态，如图4-19所示。

图4-19　门控排队上车服务

列车在各站的到发情况影响着乘客上下车的状态，仿真过程必须监测列车在车站的到发车情况。即便如此，在同一个仿真系统中仍然很难将乘客客流和列车这两种不同的实体融合在一起。因此可以考虑将乘客的实体作为列车的一种属性叠加到列车的实体中。此时，那么列车h应该具有列车容量R_h、列车的剩余容量O_h、列车上的乘客数P_h等属性。如果用reach表示到站、leave表示离站、up表示上车、down表示下车，则对于车站K_i有：

$$\begin{cases} P_{h,\text{reach}_i} + P_{\text{up}_i} - P_{\text{down}_i} = P_{h,\text{leave}_i} \\ O_{h,\text{reach}_i} + P_{h,\text{reach}_i} = O_{h,\text{reach}_i} + P_{h,\text{reach}_i} = R_h \\ P_{\text{leave},h_i} = P_{\text{reach},h_i+1} \end{cases}$$

对于任何时刻，都有$O_{h,i} \geq 0$。乘客的上车过程同样需要通过相应的控制函数来实现。在列车停站、上车过程中，列车的停站时间即为乘客上车的服务时间。搭建仿真模型如图4-20和图4-21所示。

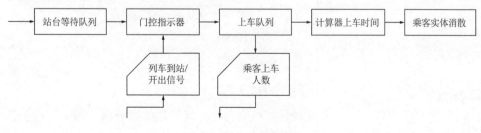

图4-20　乘客上车控制过程

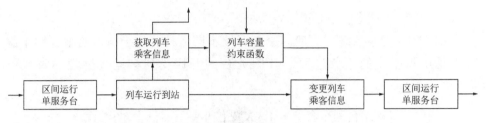

图 4-21 列车到站控制过程

基于以上建模过程,搭建单方向客流进站过程示例如图 4-22 所示。

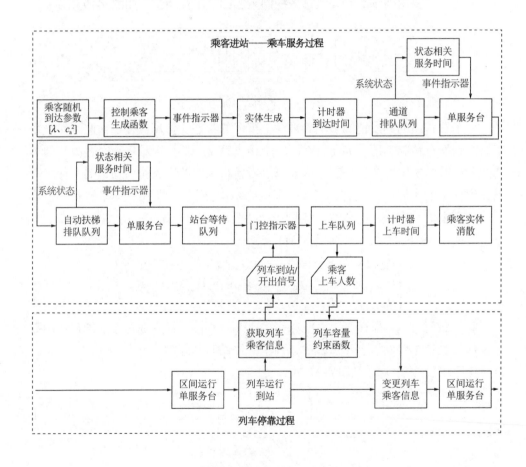

图 4-22 车站单方向客流进站上车仿真模型示例

但必须考虑到,分方向的进站客流会占用相同的进站服务台(通道、楼扶梯等),因此应将同车站的上下行客流叠加,如图 4-23 所示。

第 4 章　城市轨道交通客流仿真技术

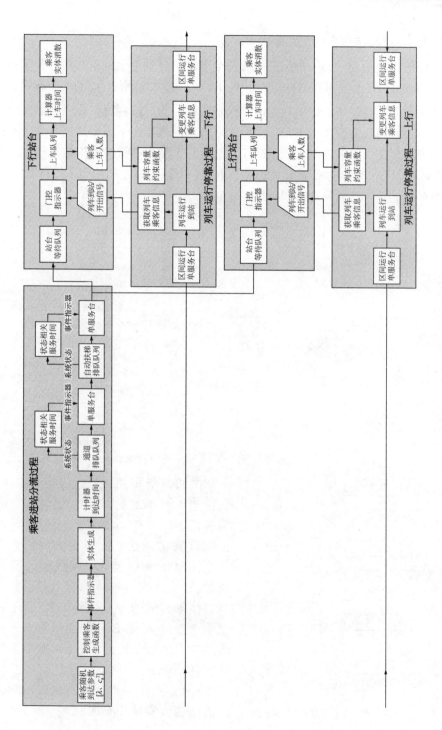

图 4-23　车站分方向客流进站仿真模型示例

3）换乘客流仿真模型搭建

将某线路某方向的换乘站抽象为两个车站，分别为上游车站和下游车站，如图 4-24a)、b) 所示。其中，在线路 L_{l1} 的下行方向，$K_{下,l1}$ 是 $K_{上,l2}$ 的上游车站，而后者是前者的下游车站。由于列车内非换乘客流均为过站客流，可以假定换出客流和出站客流均在上游车站下车，而换入该方向的客流在下游车站上车。因此，可以假定列车在到达乘客上车的下游车站前，在上游车站短暂地停站，从而实现换乘客流的下车过程。根据该建模思路，取上、下游车站之间的列车运行时间为 0，而列车在上游车站的停站时间极短，取 0.02s。

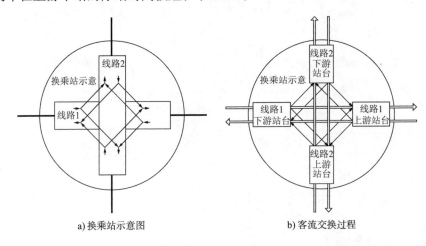

a) 换乘站示意图　　　　　b) 客流交换过程

图 4-24　换乘站客流交换示意图

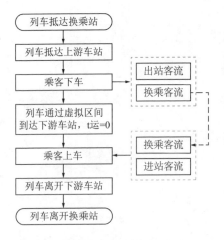

图 4-25　换乘站列车到发-客流换乘仿真过程

按照以上思路进行换乘站客流的仿真搭建（图 4-25）。其中，上游车站的换乘客流下车过程如图 4-26 所示。数据输出端口 A 方向的客流和 B 方向的客流分别表示输出换乘至另一条线路的换乘客流量。

换乘客流的合并如图 4-27 所示，数据输入端口 A 和 B 分别表示输入另一条线路的上下行方向换乘客流，换乘客流生成实体后通过了一个服务时间状态相关的服务台后进入，再与本站生成的同方向的进站客流实体相叠加。

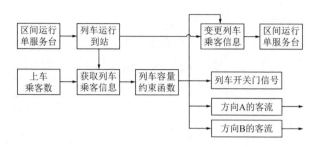

图 4-26 上游站换乘客流分流

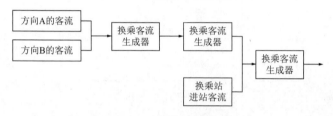

图 4-27 下游站换乘客流合并

为简化图形结构，将列车在区间 $S_{L_x,i,i+1}$ 的区间运行服务台合并到站 $K_{L_x,i+1}$ 子系统中，则图形结构可以化简为车站的连接。结合以上分析，搭建换乘站模型如图 4-28 所示。

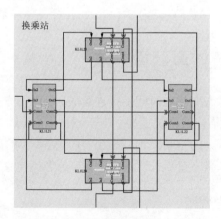

图 4-28 换乘站模型

注：In 指输入，Out 指输出，Conn 指实体流输入输出。

至此，网络模型中的所有基本结构（车站、列车线路、换乘站）都已经搭建完毕，通过节点和线路的结构调整，可以完整地搭建城市轨道交通排队仿真模型。

4）仿真验证

这里取 2017 年 C 市轨道交通 1、2 号线 AFC 数据，考虑基本的设备设施布设形式对仿真模型进行验证。

站台的排队现象验证：计算某中间车站平峰到达率 $\lambda = 1.2\,(\text{ped/s})$，客流到达变异系数 $c_a^2 = 0.82$，列车发车时间间隔取 180s，列车容量取 1728 人，仿真时长 10min，运行时长 60s 左右。得到的站台排队长度的变化曲线如图 4-29 所示。

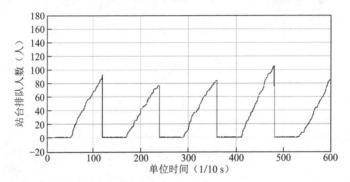

图 4-29　车站站台排队队长仿真结果

由图 4-29 可见，系统较真实地反映了乘客在车站站台的排队等待的周期性过程。可以看出，本验证实例中，因列车容量高于上车需求，各周期内所有候车乘客均可以上车。

4.4　连续系统仿真建模方法

连续系统指系统状态变化在时间上是连续的，可以用方程式（常微分方程、偏微分方程、差分方程）描述的系统模型。在算法上，可以归结为针对由微分方程等形式描述的系统动态行为的数学模型，找出一个与之等价的离散模型，并用系统仿真方法求解的过程。本部分简要总结城市轨道交通客流仿真常用的几种建模方法。

4.4.1　社会力模型

社会力模型是一种连续的微观仿真模型，将行人视为满足力学定律的质点，运动行为的变化是受驱动力（自身主观意识作用产生）、排斥力（包括行人间及行人与边界或障碍物间的排斥力）、吸引力（受行人或物的吸引作用而产生）及扰动力（扰动行为产生的、随机变化的力）共同作用的结果。社会力模型能够较为真实地模拟出集散中的行人的行为，能够仿真出人群中产生的一些非线性的自组织现象，把人的主观愿望、人与人之间的相互关系以及人与环境之间的相互影响用社会力的概念来描述，可模拟密集场所行人之间相互冲撞、挤压的拥挤动力学。

1）基本模型

社会力由四部分构成，即行人由于受到目标吸引而产生的自身驱动力、行走过程中避免接触他人而产生的相互排斥力、行人与障碍物保持距离的排斥力、行人受到其他行人或物品吸引的吸引力，如图4-30所示。

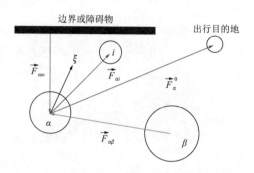

图4-30 社会力动力学模型

（1）行人α自身驱动力。

质量为m的行人α想要以自己最舒服的方式到达目的地$\vec{r}_\alpha^x$，通常会逐步找寻行走的最短路，从而形成多边形走形路径$\vec{r}_\alpha^1, \vec{r}_\alpha^2, \cdots, \vec{r}_\alpha^n = \vec{r}_\alpha^0$。如果$\vec{r}_\alpha^k$为下一个最短路的边要到达的位置点，那么行人在此时行走的期望方向$\vec{e}_\alpha(t)$定义如下：

$$\vec{e}_\alpha(t) = \frac{\vec{r}_\alpha^k - \vec{r}_\alpha(t)}{\| \vec{r}_\alpha^k - \vec{r}_\alpha(t) \|} \tag{4-1}$$

式中：$\vec{r}_\alpha(t)$——t时刻的实际位置；

$\vec{r}_\alpha^x(t)$——目的地位置。

如果行人不受干扰，那么他将沿着$\vec{e}_\alpha(t)$方向以速度v_α^0前进，在一定时间τ_α内，由于必要的加减速或避障过程，实际速度$\vec{v}_\alpha(t)$与期望速度$\vec{v}_\alpha^0(t) = v_\alpha^0 \vec{e}_\alpha(t)$存在如下关系：

$$\vec{F}_\alpha^0(\vec{v}_\alpha, \vec{v}_\alpha^0) = \frac{1}{\tau_\alpha}(v_\alpha^0 \vec{e}_\alpha - \vec{v}_\alpha) \tag{4-2}$$

（2）行人与其他行人及边界的排斥力。

行人α的运动过程可能受到其他行人的直接或间接影响。通常，行人之间的距离由当前人流密度和行人α与相关人员的相对速度决定。行人α与β之间的排斥力$\vec{f}_{\alpha\beta}(\vec{r}_{\alpha\beta})$可表示为：

$$\vec{f}_{\alpha\beta}(\vec{r}_{\alpha\beta}) = -\nabla_{\vec{r}_{\alpha\beta}} V_{\alpha\beta}[b(\vec{r}_{\alpha\beta})] \tag{4-3}$$

式中：$V_{\alpha\beta}(b)$——排斥力场强，是 b 的单调递减函数。其中，b 表示在行人模型为椭圆体的情形的短轴距离，由下式给出：

$$2b = \sqrt{\left(\|\vec{r}_{\alpha\beta}\| + \|\vec{r}_{\alpha\beta} - v_\beta \Delta t \vec{e}_\beta\|\right)^2 - \left(v_\beta \Delta t\right)^2} \tag{4-4}$$

式中，$\vec{r}_{\alpha\beta} = \vec{r}_\alpha - \vec{r}_\beta$。

行人也与建筑物、墙壁、街道、障碍物等保持一定的距离。正常情况下，行人越靠近障碍物就越感到不舒服，因为行人必须更加注意避免受伤的危险，例如不小心碰到墙壁。因此，边界 B 引起的排斥效应可以用下式描述：

$$\vec{F}_{\alpha B}(\vec{r}_{\alpha B}) = -\nabla_{\vec{r}_{\alpha B}} V_{\alpha B}[\|\vec{r}_{\alpha B}\|] \tag{4-5}$$

式中，$\vec{r}_{\alpha B} = \vec{r}_\alpha - \vec{r}_B^\alpha$，表示距离行人 α 最近边界 B 的位置矢量。

（3）α 与其他事物的吸引力。

行人有时会被其他人或对象吸引）。这些在 $\vec{r}_i$ 位置的吸引效应 $\vec{f}_{\alpha i}$ 可以用吸引的单调递增势 $W_{\alpha i}(\|\vec{r}_{\alpha B}\|, t)$ 来表示：

$$\vec{f}_{\alpha i}(\|\vec{r}_{\alpha i}\|, t) = -\nabla_{\vec{r}_{\alpha i}} W_{\alpha i}[\|\vec{r}_{ci}\|, t] \tag{4-6}$$

式中，$\vec{r}_{\alpha i} = \vec{r}_\alpha - \vec{r}_i$，吸引力 $\|\vec{f}_{\alpha i}\|$ 通常随着时间 t 而下降。

上述吸引和排斥效应的公式只适用于在期望运动方向上可被行人感知到的情形。由于位于行人不同视角内的吸引或排斥对象对其运动的影响有所不同，可根据其在行人视角 ϕ 的位置，修正相应的吸引或排斥力。假定视角以外对象的吸引或排斥力修正系数为 c，则 $0 < c < 1$。在不同视角下，行人运动的排斥及吸引效应修正权重为：

$$w(\vec{e}, \vec{f}) = \begin{cases} 1 & \text{if } \vec{e} \cdot \vec{f} \geq \|\vec{f}\| \cos\phi \\ \text{其他} & \end{cases} \tag{4-7}$$

至此，对行人行为的排斥和吸引效应可表示如下：

$$\begin{aligned} \vec{F}_{\alpha\beta}(\vec{e}_\alpha, \vec{r}_\alpha - \vec{r}_\beta) &= w(\vec{e}_\alpha, -\vec{f}_{\alpha\beta}) \vec{f}_{\alpha\beta}(\vec{r}_\alpha - \vec{r}_\beta), \\ \vec{F}_{\alpha i}(\vec{e}_\alpha, \vec{r}_\alpha - \vec{r}_i, t) &= w(\vec{e}_\alpha, \vec{f}_{\alpha i}) \vec{f}_{\alpha i}(\vec{r}_\alpha - \vec{r}_i, t). \end{aligned} \tag{4-8}$$

（4）α 的方向加速度。

行人在运动中的社会力总和为：

$$\vec{F}_\alpha(t) = \vec{F}_\alpha^0(\vec{v}_\alpha, \vec{v}_\alpha^0) + \sum_\beta \vec{F}_{\alpha\beta}(\vec{e}_\alpha, \vec{r}_\alpha - \vec{r}_\beta) +$$

$$\sum_B \vec{F}_{\alpha B}(\vec{e}_\alpha, \vec{r}_\alpha - \vec{r}_B^\alpha) + \sum_i \vec{F}_{\alpha i}(\vec{e}_\alpha, \vec{r}_\alpha - \vec{r}_i, t) \tag{4-9}$$

社会力模型大致可以表述为下式，以此判断行人走行方向与速度：

$$m_\alpha \frac{d\vec{\omega}_\alpha(t)}{dt} = \vec{F}_\alpha(t) + \xi \tag{4-10}$$

2）社会力模型的应用

社会力模型被广泛运用于轨道交通站、换乘枢纽、机场等交通枢纽内人群运动特性的研究，在对自动渠化、流动条纹、瓶颈摆动、从众行为等自组织现象进行模拟的基础上，可为其出入口、通道、站场设计或设施设备布局等提出改进措施。

3）模型特征

社会力模型忽略了人之间的个体差异。驱动力方面，不同个体自身的驱动力不同，而在社会力模型中，行人期望速度被看作一个定值。而在现实中，行人的期望速度时刻改变，随行人主观意识的变化而变化。此外，吸引力与排斥力方面，不同行人之间的影响也存在不同，如朋友之间的吸引力大于陌生人之间的吸引力，而行人结伴同行时，行人之间存在相互吸引的作用。

此外，社会力模型中的冲突避让机制并不够完善，社会力模型建立于行人正常情况下的走行行为，对突发事件下人群无伤亡的设想不符合实际。

4.4.2 元胞自动机模型

元胞自动机（Cellular Automaton，CA）是一种时间和空间都离散的动力系统，其构成是基于一系列模型构造规则，依据局部规则同步更新，而不是确切定义的函数或物理方程。元胞自动机最早提出于20世纪50年代，经过几十年的不断发展，已经广泛应用于社会学、生态学和计算机科学等学科中，成为非线性科学研究的重要手段。

1）基本模型

作为离散微观仿真模型，元胞自动机模型将仿真模拟区域均匀分布在单元网格上，每个网格的属性为占用或空，每个单位时间每个网格最多只允许被一个对象占有。网格尺寸取值通常为0.4m×0.4m或0457m×0.457m，在行人微观仿真模拟中，一个网格即视为一个行人占有，且行人身体垂直投影面积与网格面积一致。每个元胞下一刻的运动方向由其本身及邻域元胞有关，其运动方向分为前、后、左、右、左前、左后、右前、右后8个方向，通常每个元胞由相同概率从中选定下一时间步长前进方向，当发生前进方向被占用等情况时，沿着不同的概率走向其邻域的元胞称为有偏行走。

在每一个时间步中，所有元胞的状态都是同时发生变化的，其演化规则如下：

$$\sigma_i^{t+1} = f(\sigma_i^t, \sigma_{i+1}^t, \sigma_{i+2}^t, \sigma_{i+3}^t, \cdots, \sigma_{i+}^t) \tag{4-11}$$

式中：σ_i^{t+1}——元胞i在$t+1$时刻的状态；

σ_i^t——元胞i在t时刻的状态；

f——元胞自动机模型中的演化规则。

典型的元胞自动机模型由四部分组成：元胞、元胞空间、邻居和演变规则。

（1）元胞。

元胞自动机模型中的主体是元胞，它只能分布在元胞空间内，是一个个独立的个体。在建模时，元胞的属性可以设置为在实际情况中表示主体的属性。例如，在使用元胞自动机模型对行人交通流仿真时，每个元胞就代表一个行人，还可以为元胞设置属性，代表行人的速度、性别、行为偏好等属性。

在行人流仿真的元胞自动机模型中，元胞代表行人，其属性是由行人的特性决定的，这些特性包括行人的行走速度、行为偏好、对环境的熟悉程度（经验）等个人属性，行人间的吸引作用、排斥作用和行人组队情况等人与人之间的互动情况，以及人群分布特点、场景的影响作用等。在元胞方面对元胞自动机进行改进的方法一般为改变元胞的形状。

（2）元胞空间。

元胞空间是一个离散的空间，元胞就分布在元胞空间中。元胞空间用相同形状和大小的网格表示。根据空间维数，元胞空间可以划分为3个种类，分别是：一维元胞空间、二维元胞空间、三维及以上的元胞空间。在对于行人流仿真时，行人所处空间就可以建模为二维的元胞空间。元胞空间每个格子的形状、大小与元胞的形状、大小相同，一个元胞占据一个格子。现阶段研究中常用的二维形式元胞空间主要有三种类型：三角形、正方形及六边形。其具体形式如图4-31所示。

 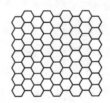

a) 三角形元胞空间　　b) 正方形元胞空间　　c) 六边形元胞空间

图4-31　元胞空间的类型

在常用的元胞空间形式中，三角形是最简单的一种。三角形的元胞空间中，每个格子与外界只有 3 条边界，关系较为简单，建模也比较容易。但是这种的元胞空间在模拟复杂的主体之间的关系时表现不佳；六边形元胞空间有 6 条边界，在三种形式的元胞空间中拥有最多的邻居，且每个格子中心到 6 个相邻格子的距离相等，能够较好地模拟复杂个体之间的相互关系，达到真实的模拟效果。但是六边形元胞空间在建模中用计算机构建起来比较难；正方形的元胞空间相较于六边形元胞空间来说，是比较直观和简单的，在仿真中也有良好的表现，计算机建模实现也比较容易，是目前应用场景最为广泛的元胞空间形式。常用的元胞自动机模型将空间划分为正方形单元，在对行人交通流仿真中，每个单元格的大小为 0.4m×0.4m。每个网格中可以有一个元胞，也可以没有元胞。

正方形构成的元胞空间在三种类型的元胞空间中是较为简单直观的，在计算机编程实现中较为容易。然而，在正方形元胞空间中，格子中心到对角线方向上的邻居与到垂直方向上的邻居距离不相等，导致行人速度不同。但是在现实场景中，行人向斜前方行走和向正前方行走的速度应该是相同的。在建模过程中需要考虑这一因素。

对元胞空间进行改进研究的价值在于可以通过元胞空间格子的精度（常规、精细、粗糙）来实现行人速度和占据空间的差异化设置。

（3）邻居。

元胞自动机模型规定，某个元胞的状态变化只受其附近局部区域内的元胞状态的影响，而不是受到所有元胞状态的影响。某一元胞状态更新时所需搜索的空间区域就叫作元胞的邻居，也就是说，能够对元胞下一刻的状态产生影响的那些相邻的格子为此元胞的邻居。在二维元胞自动机中，邻居类型一般有 Von Neumann 型、Moore 型、扩展 Moore 型等，如图 4-32 所示。

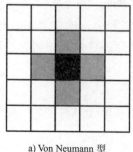
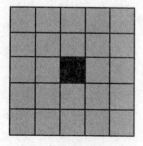

a) Von Neumann 型　　　b) Moore 型　　　c) 扩展 Moore 型

图 4-32　邻居类型

Von Neumann 型的邻居数量只有 4 个，邻居数量最少，在计算机中实现也最为简单，元胞只能移动至这 4 个单元格内，它不能描述元胞在对角线方向上受到的影响；Moore 型邻居在 Von Neumann 型邻居的基础上，增加了对角线上的邻居，既能够描述对角线方向上个体之间的运动关系，实现也相对简单，应用较为广泛；扩展 Moore 型邻居在 Moore 型邻居的基础上，向外围扩大了一圈，对元胞产生影响的区域变大，比较多的邻居能更准确地描述个体之间的相互关系，但是在计算机中实现起来比较复杂。

拓展的 Moore 型邻居较为常用，使用 Moore 型邻居存在问题，例如元胞到对角线方向上的邻居和到其他方向上邻居的距离不同等，可在转移概率函数中以参数的形式解决。

（4）演化规则。

演化规则的确定包括时间步长的确定、更新机制的选择、转移概率函数的构建、状态更新规则的制定和冲突解决机制的规定等内容。演化规则制定得是否合理，决定了整个模型是否有效，是构建元胞自动机模型时最关键的部分。如果演化规则设定不合理，则不能准确地描述客观情况，模型的模拟效果就会很差。

由于 CA 模型是基于离散空间的，因此需要先给出更新的时间间隔和时间步长。时间步长是人为设定的一段时间，每经过一个时间步长，模型就更新一次，每个元胞此时会更新位置和状态。时间没有达到一个时间步长元胞不能更新，只能处于现在的位置和状态下。元胞在下一时间步所处位置通过比较邻居空间的转移概率函数值的大小来确定元胞的更新机制有同步更新和异步更新两种。同步更新是指所有元胞在每个时间步同时更新位置和状态，异步更新是指元胞轮流进行更新。

当采用同步更新机制时，两个甚至多个个体同时选择同一元胞空间作为新的位置的情况是有可能出现的，此时就产生了冲突，这就需要引入冲突解决的机制。已有的冲突解决机制有：随机选择冲突中的赢家、引入摩擦参数、用博弈论来解决冲突等。

2）元胞自动机类型

元胞自动机模型有很多类型，交通流仿真中常用的有格子气模型、场域模型和其他基于场的模型（静电场模型、成本场模型）等。

（1）格子气模型。

格子气模型又称漂移随机游走模型，它利用 CA 的框架，将个体视为一个粒子。每个个体在每个时刻都有一个偏好方向，通过移概率模拟个体的移动过程。近年来关于格子气体模型的研究很少。一方面，格子气模型基于偏好概率进行决策，只适用于几何形状简单的场景；另一方面，在扩展影响因素时，格子气模型的可扩展性远远低于场域模型。

（2）场域模型。

在场域模型中，静态场表示行人在环境的影响下，趋向于沿最短路径向出口移动的趋势，动态场表示个体在群体中的跟随行为。行人的移动方向和概率由静态场和动态场二者共同决定，方法是将静态场和动态场通过一定的逻辑进行耦合，从而指导行人的行为。场域模型的优化主要是在模型中加入一些影响因素，以及将这些因素用模型或者数学语言描述。除此之外，还可以改进静态场和动态场的计算方法。

（3）成本势场模型。

成本势场模型（CPF）主要考虑粒子移动到相邻的元胞所产生的时间成本和非自适应性成本。更新时，每个个体移动位置的选择是由移动到相邻元胞空间的成本大小决定的，个体会尽量使移动的成本势场的场值最小。

（4）静电势场模型。

在一定的位置放置电荷，产生静电诱导势场，使用库仑定律来计算引力或斥力，这种基于电势场的 CA 模型叫做静电势场模型（EPF）。

3）模型特征

元胞自动机是一个离散型的动态系统，具有如下特征：

（1）同质性和齐性。

同质性是指空间中的元胞单元更新状态都服从相同的规律。齐性是指元胞的大小，分布方式均相同。

（2）空间离散性。

元胞自动机的离散性主要表现在元胞单元在时间上的离散、元胞空间的离散以及元胞状态的离散。时间上的离散意味着在仿真过程中，其演变的过程是按照时间步来进行的。

（3）局部性。

在空间中的每一个元胞单元，其下一时刻的状态只受到现在时刻的本元胞单元的状态和其邻域元胞的状态的影响，故而元胞自动机具有局部性的特征。

元胞自动机模型由于其离散属性，使得计算过程更易进行，仿真效率比较高，通过网格和局部的规则可差异化反映区域行人流特征，并有效地反映出不同密度下行人的拥挤程度，具有一定程度的普遍性。然而也是由于元胞自动机模型通过网格实现的特性，无法对模拟的行人个体进行精确模拟，如成人和儿童、带行李行人和不带行李行人的区分，并且因为每一个时间步长只能移动整格距离，对于行人步速的可控性并不理想。

4.4.3 磁力模型

磁力模型最早由日本学者 Okazaki 提出，其实质是利用库仑定律的道理来解释行人的行为特征，将行人、障碍物和目的地等假定为具有磁性的单元，根据"异性相吸，同性相斥"的原则，行人在目的地的吸引力作用下，向目的地移动，在移动的过程中受到障碍物排斥避免发生碰撞。以一个行人为中心，他会感受到周围其他行人施加的吸引力和排斥力。这些力量将会影响行人的运动和路径选择。

磁力模型的基本原理是，行人会更倾向于与其他行人保持一定的距离并形成一个相对稳定的人群结构。与其他行人越近，行人会受到越强的排斥力，越远则会受到越强的吸引力。这种行人之间的相互作用力被建模为磁力，其中行人可以被视为具有北极（吸引力）和南极（排斥力）的磁铁，而人群中的行人会相互影响，导致整体的运动和排列。

1）基本模型

磁力模型中定义行人和障碍物为正极，行人目的地为负极，根据库仑定律制定的磁场力，大小取决于行人所处位置的磁场强度和行人之间的距离。

$$\vec{F} = \frac{Kq_1q_2}{r^3}\vec{r} \tag{4-12}$$

式中：$\vec{F}$——行人移动过程中受到的引力和斥力；

K——常量参数；

q_1——行人所在位置的磁场强度；

q_2——磁极强度；

r——行人与障碍物、行人与行人之间的距离。

2）磁力模型的应用

磁力模型在行人仿真领域有广泛的应用，主要包括以下几个方面：

（1）人群行为研究。

磁力模型可以模拟和预测人群在不同环境下的聚集、分散和流动行为。通过分析行人之间的相互作用力，可以研究人流的拥挤程度、行进速度以及人群的结构和形态等特征。

（2）建筑设计和公共空间规划。

磁力模型可以在建筑设计和公共空间规划中帮助评估、优化和预测人群的移动和空间利用。通过模拟人群在不同布局和设计参数下的行为，可以提供指导和决策支持，确保建筑和公共空间的舒适性、安全性和功能性等。

（3）紧急疏散和安全评估。

磁力模型可以用于研究和分析在紧急情况下的人群行为，例如火灾疏散、自然灾害等。通过模拟和仿真，可以评估人群疏散的效率和安全性，并提供相关的疏散策略和措施。

（4）交通流量和流动性研究。

磁力模型可以应用于交通规划和交通流动性的研究。通过建模和模拟行人和车辆之间的相互作用力，可以预测道路交通拥堵、行人路线选择等情况，并提供路网优化和交通管理的参考。

总的来说，磁力模型提供了一种综合考虑行人相互作用的行人仿真方法。它在多个领域中都具有重要的应用价值，可以辅助决策和设计，提高人群流动性、安全性和效率。

3）模型特征

磁力模型作为一种行人仿真模型，具有如下特征：

（1）直观简单。

磁力模型的核心概念是基于磁性的吸引和排斥力，易于理解和解释。它不需要复杂的数学推导和复杂的参数设定，使得模型的理解和应用更加直观和简单。

（2）实时性和效率。

磁力模型的计算速度相对较快，能够实时地模拟行人的运动和相互作用。这使得模型可以应用于实时决策和交互式仿真等场景。

（3）大规模群体。

磁力模型可以应用于大规模人群仿真，包括成千上万的行人。模型在考虑行人之间的相互作用力时能够有效地处理大规模群体的运动和行为。

（4）灵活性和可调性。

磁力模型中的吸引力和排斥力可以根据具体需求进行调节和优化。通过调整力的参数和权重，可以模拟不同场景下的不同行人行为。

（5）群体行为模拟。

磁力模型能够模拟人群的集体行为和群体效应。通过行人之间的相互作用力，可以模拟人群的聚集、流动和分散等行为，以及形成不同的人群结构和形态。

（6）非局部影响。

磁力模型中的吸引力和排斥力会影响行人距离之外的行为。这种非局部的行为模拟能够更好地描述行人之间的全局相互作用和影响。

然而，磁力模型在一些特定情况下可能无法准确描述行人的行为，例如在复杂环境中的路径选择和个体差异的考量。因此，在应用时还需要考虑具体需求和模型的适用性。

4.5 车站动态客流连续仿真模型

出于对运行安全、组织效率等的考虑，城市轨道交通车站设施布局、客流集散、现场组织、应急处置等方案的制定，越来越受到研究和应用的关注。特别是在人流时空分布复杂多变的大客流车站，实时监测和分析客流动态分布特征，预测客流短期运行态势，已成为日常管理的重要工作。通过构建车站动态客流仿真模型，可实现车站行人交通流特征的实时、连续、定量监测和运行态势短时预测，支撑车站精细化管理、运营组织优化等相关工作。

本节在前述仿真建模相关理论方法的基础上，提出一套基于微观仿真的地铁车站动态客流仿真模型及平台构建方法。

4.5.1 模型框架

车站动态客流仿真分析模型由模型构建单元、流量感知单元、仿真分析单元、应用支撑单元共4个主要单元构成。其中，模型构建单元通过交互式视窗编辑模式或结构化数据实例化模式搭建"分析模型"，并建立模型要素和车站实体要素之间的映射关系，用于仿真分析和数据可视化；流量感知单元基于感知技术实时获得各仿真要素对应的行人交通流量，并输出结构化监测数据；仿真分析单元基于行人仿真技术，提供可进行历史数据仿真分析、实时仿真监测、预测数据仿真研判的仿真计算能力；应用支撑单元根据应用需要，可实现行人交通特征的分析、监测、预测、可视化。

模型构建框架及控制流程如图 4-33 和图 4-34 所示。

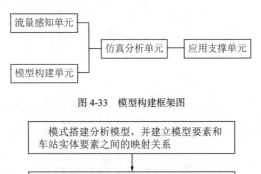

图 4-33　模型构建框架图

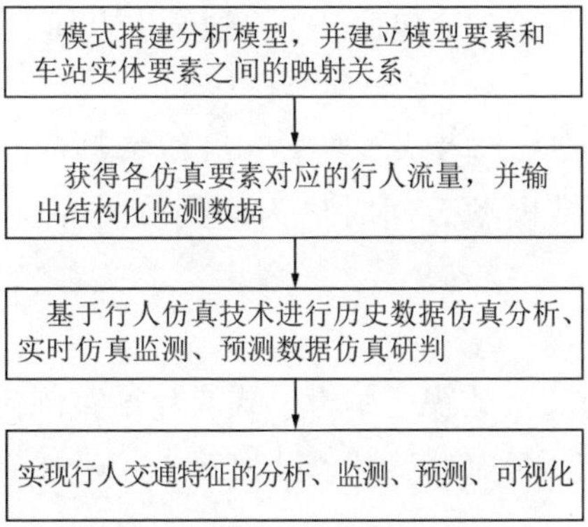

图 4-34　模型控制流程图

4.5.2　模型构建单元

模型构建单元在获取车站基本结构、站内建筑物和构筑物、通道、设施、设备等的精确位置、尺寸等参数的基础上，以一定比例尺构建"模型要素"，从而搭建满足行人交通仿真要求的"分析模型"。

1）模型要素

模型要素是构成仿真模型的基本单元，包括区域和节点。其中，区域包括：

（1）自由活动区域：行人可以自由活动的区域，如站厅、站台流动区、换乘通道等。

（2）活动受限区域：行人无法进入或通过的建筑物或构造物，如墙、隔离栏等。

节点为行人交通发生或吸引，以及接受服务的模型要素，包括：

（1）交通发生点：模型中生成仿真个体交通需求的点或区域。

（2）交通吸引点：仿真模型中仿真个体交通需求结束后，仿真个体从仿真场景中消散的点或区域。

（3）通过型服务设施：如楼梯、扶梯、安检、候车区等行人可以通过的设施设备。通过型设施可以为具有指定通行方向的服务设施。

（4）等候型服务设施、服务台：如售票处、售票机等需要排队等候接受服务，但无法通过的设施设备。

2）分析模型

分析模型由若干模型要素组成，可以为存储于计算机内存的抽象三维或二维空间数字模型。分析模型至少应包括一个交通发生点和一个交通消散点。

3）模型数据库

模型数据库统一管理上述模型要素和分析模型的结构化数据，用于构建仿真对象的二维或三维模型，同时也为应用支撑单元各模块提供模型数据接口。

4）模型构建步骤

模型构建单元通过交互式视窗编辑模式或数据实例化模式，搭建分析模型，并建立模型要素和车站实体要素之间的映射关系，步骤如图4-35所示。

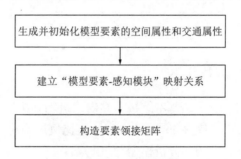

图4-35　分析模型构建步骤

具体包括：

（1）生成并初始化模型要素。

模型构建单元通过交互式视窗编辑模式或数据实例化模式生成各模型要素，并初始化其空间属性（三维或二维空间坐标、尺寸）和交通属性（节点类型、通行方向、通过速度、排队长度、服务效率等）。

（2）建立"模型要素-感知模块"映射。

该子模块用于建立模型要素e_i和感知模块m_i之间的映射关系（其中$i = 1, 2 \cdots$）。从而实现感知数据与仿真要素数据的关联，将感知到的结构化的行人交通流量数据输入分析模型,如图 4-36 所示。

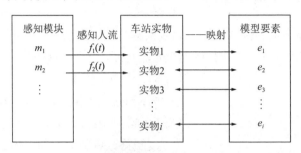

图 4-36 "模型要素-感知模块"映射关系示意

(3)构造要素邻接矩阵。

自动识别或指定任意模型要素e_i的邻接要素e_j,构造邻接矩阵M。其中,若分析个体可在不经过其他模型要素的情况下,通过自由活动区域从模型要素e_i到达模型要素e_j,则$M_{ij}=1$;否则$M_{ij}=0$。

4.5.3 流量感知单元

流量感知模块设计了若干基于各类感知技术的"感知模块"和"解析模块",实时获得各监测区域的行人个体特征数据和客流量数据等,并将结构化的流量监测数据发送至仿真分析模块。

(1)感知模块和解析子模块可采用的技术手段包括但不限于视频识别、传感器检测等以较高准确率识别客流量的技术方案。

(2)某些感知技术可实现数据感知和流量解析需顺序进行,如"视频监控+视频客流识别"技术;某些感知技术可将感知和解析同步进行,例如基于 Wi-Fi 探针的客流感知技术。

(3)监测区域是指感知模块进行流量监测时,所覆盖的平面监测范围。该范围与分析模型中的区域存在唯一映射关系。

(4)客流量数据可根据应用需要确定是否区分行人个体的行走方向。

(5)实时行人交通特征数据包括实时的行人流量、行人个体特征(如性别、年龄、是否携带行李等)、行人位置数据等。

(6)流量感知单位还设置有数据存储模块,可用于存储流量感知单元采集的结构化的交通流量数据。同时,该数据库还为仿真分析单元提供交通流量读取的数据接口。

4.5.4 仿真分析单元

仿真分析单元通过读取感知单元或预测分析得到的交通流量，采用行人交通仿真算法进行仿真分析，以获得行人交通流特征。当接入感知单元获得的监测区域流量时，分析模块输出行人交通流各项实时监测指标；当接入预测的监测区域流量时，分析模块输出预测期内行人交通流各项监测指标。

按照路径更新的不同，仿真分析模块可分为两种策略：

（1）策略一：全局仿真策略。

全局策略是指在各仿真个体（行人）进入仿真场景时，按照特定规则为其初始化一套可应用于其全仿真周期的参数，并根据仿真流程执行的过程。全局仿真策略执行流程如图 4-37 所示，具体包括以下步骤：

步骤 1：初始化，读取分析模型数据，标定仿真参数。

步骤 2：确定个体吸引点（消散点）。

具体步骤包括：

步骤 2.1 获取仿真时间单元 t 内，感知模块 m_i 监测得到的客流量为 $f_i(t)$，并将其发送至其对应的模型要素 e_k，其中交通吸引点 $D_j(j=1,2,\cdots,n)$，对应感知模块监测到的客流量记为 $f_j^*(t)$。

步骤 2.2 计算仿真时间单元 $t+1$ 内，各交通吸引点 D_j 吸引仿真个体流量占该时段内完成服务仿真个体总量的比例，公式如下：

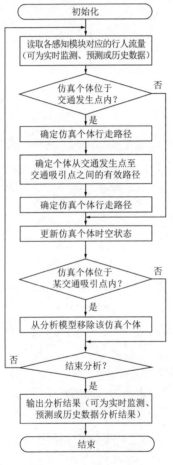

图 4-37 仿真分析单元全局仿真策略执行流程图

$$p_j(t+1) = \begin{cases} \dfrac{f_j^*(t)}{\sum\limits_{j=1}^{n} f_j^*(t)} & \left(\sum\limits_{j=1}^{n} f_j^*(t) > 0\right) \\ \dfrac{1}{n} & \left(\sum\limits_{j=1}^{n} f_j^*(t) = 0\right) \end{cases} \quad (4-13)$$

式中：$f_j^*(t)$——上一时间单元t内，交通消散点D_j处监测到的流量；

$\sum_{j=1}^{n} f_j^*(t)$——t时间单元内各交通消散点完成服务的客流总量；

n——仿真模型中仿真个体交通消散点的总数；

$p_j(t+1)$——$t+1$时段内各交通吸引点D_j吸引的行人流量占$t+1$时段内完成服务的客流总量的比例。

步骤2.3 确定时间单元$t+1$内仿真个体的消散点。对于t时段内被监测到的各行人个体，生成一个服从均匀分布的伪随机数$\alpha(\alpha \in [0,1])$；若$\alpha < \sum p_1(t+1)$，则行人个体的目的地为第1个交通吸引点；否则，行人个体的目的地为交通吸引点D_d，其中$\sum_{j=1}^{j \leqslant d-1} p_j(t+1) \leqslant \alpha \leqslant \sum_{j=1}^{j \leqslant d} p_j(t+1)$，$1 < d \leqslant n$。

步骤3：确定个体路径。

具体步骤包括：

步骤3.1 确定$t+1$时段内分析模型中各交通发生点和交通吸引点之间的有效路径集；有效路径集是指分析模型中连接某一交通发生点$O_i(i=1,2,\cdots,m)$和吸引点$D_j(j=1,2,\cdots,n)$，且实际有行人使用的路径集合。

步骤3.2 计算$t+1$时段内，各交通发生点和吸引点对OD_{ij}各有效路径的广义交通费用，公式如下：

$$V_{rij}(t+1) = \sum_{k=1}^{K} \theta_k x_{rk}(t) \tag{4-14}$$

式中：$V_{rij}(t+1)$——$t+1$时段内OD_{ij}第r条路径的广义交通费用；

K——路径r有关的特性变量总数；

$x_{rk}(t)$——t时段内路径r的第k个特性变量；

θ_k——特性变量权重，可标定。

步骤3.3 计算$t+1$时段内OD_{ij}各有效路径分配的客流占比，公式如下：

$$p_{rij}(t+1) = \frac{e^{V_{rij}(t+1)}}{\sum_{k \in R_{ij}} e^{V_{kij}(t+1)}} \tag{4-15}$$

式中：$p_{rij}(t+1)$——$t+1$时段内OD_{ij}第r条有效路径分配的客流比例，$V_{rij}(t+1)$、R_{ij}定义同上。

步骤3.4 确定$t+1$时段内仿真个体的路径。

确定$t+1$时段内行人个体的行走路径；对t时段内监测到的每个行人个体，

生成一个服从均匀分布的伪随机数$\alpha(\alpha \in [0,1])$；若$\alpha < \sum p_{1ij}(t+1)$，则行人个体的行走路径为$OD_{ij}$第 1 条有效路径；否则，行人个体的行走路径为$OD_{ij}$第$r'$条有效路径，其中，$\sum_{r=1}^{r \leqslant r'-1} p_{rij}(t+1) \leqslant \alpha \leqslant \sum_{r=1}^{r \leqslant r'} p_{rij}(t+1)$，$r' > 1$。

步骤 4：个体时空状态更新。

具体步骤包括：

步骤 4.1 更新仿真个体行走速度和方向。

对于尚在分析模型中的个体，可采用已知的诸多关于行人仿真的文献所提出的方法确定或更新其行走速度和方向。

步骤 4.2 更新仿真个体位置。

根据"仿真个体行走速度和方向更新"结果，更新仿真个体在时间单元$t+1$内的空间位置。

步骤 4.3 状态判断。

若更新位置后，仿真个体位于某个交通消散点D_j内，则在$t+1$仿真时间单元结束后，从仿真模型中移除该仿真个体；否则顺序重复步骤 2、步骤 3、步骤 4，直至仿真分析终止。

（2）策略二：局部仿真策略。

局部仿真策略是指在对于进入感知模块m_i监测范围内的各仿真个体，按照特定规则为其初始化一套应用于自m_i到达其某个邻接感知模块$m_j(j = 1,2\cdots, i \neq j)$监测范围的仿真参数，并执行仿真的过程。当采用局部仿真分析时，按照t时段某模型要素的邻接模型要素的行人流量，确定该模型要素处监测到的人的下一目标邻接模型要素。例如，t时刻某人进入闸机，下一步可能到达楼梯或扶梯（也就是闸机模型要素的 2 个邻接模型要素），此时根据楼梯和扶梯的监测流量，确定该人下一步目的地（局部的目的地）。

局部仿真策略执行流程如图 4-38 所示，具体包括以下步骤：

步骤 1：初始化，读取分析模型数据，标定

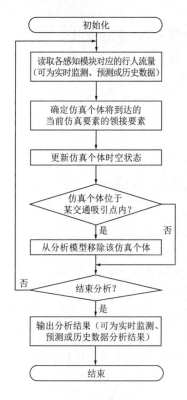

图 4-38 仿真分析单元局部仿真策略执行流程图

仿真参数

步骤 2：仿真个体局部目标节点更新。

具体步骤包括：

步骤 2.1 获取各感知模块监测的仿真个体数量。

获取仿真时间单元 t 内，各感知模块 m_i 监测得到的客流量 $f_i(t)$，并发送至 m_i 对应的模型要素 e_k。

步骤 2.2 确定 $t+1$ 时段内模型要素 e_i 的邻接模型要素 e_j 所吸引人流占模型要素 e_i 处行人总量比例，公式如下：

$$p_{ij}(t+1) = \begin{cases} \dfrac{f_j(t)}{\sum\limits_{j=1}^{n'} f_j(t)} & \left(\sum\limits_{j=1}^{n'} f_j(t) > 0\right) \\ \dfrac{1}{n'} & \left(\sum\limits_{j=1}^{n'} f_j(t) = 0\right) \end{cases} \tag{4-16}$$

式中：　$f_j(t)$——t 时段内模型要素 e_i 的邻接模型要素 e_j 处监测到的行人流量；

　$\sum\limits_{j=1}^{n'} f_j(t)$——$t$ 时段内模型要素 e_i 的所有邻接模型要素 e_j 处监测到的行人总量；

　n'——邻接模型要素 e_j 的总数；

　p_{ij}——比例系数。

步骤 2.3 确定模型要素 e_i 监测到的行人个体的局部目标邻接模型要素 e_j，对于每个 t 时段内被监测到的行人个体，生成一个服从均匀分布的伪随机数 $\alpha(\alpha \in [0,1])$；若 $\alpha < \sum p_1(t+1)$，则行人个体的局部目的地为第 1 个邻接模型要素；否则，行人个体的局部目的地为邻接模型要素 e_l，其中 $\sum\limits_{j=1}^{j \leqslant l-1} p_{ij}(t+1) \leqslant \alpha \leqslant \sum\limits_{j=1}^{j \leqslant l} p_{ij}(t+1)$，$l > 1$。

步骤 3：个体时空状态更新。

具体步骤包括：

步骤 3.1 更新仿真个体行走速度和方向。

对于尚在分析模型中的个体，可采用已知的诸多关于行人仿真的文献所提出的方法确定或更新其行走速度和方向。

步骤 3.2 更新仿真个体位置。

根据"仿真个体行走速度和方向更新"结果，更新仿真个体在时间单元 $t+1$

内的空间位置。

步骤 3.3 状态判断。

若更新位置后，仿真个体位于某个交通消散点D_j内，则在$t+1$仿真时间单元结束后，从仿真模型中移除该仿真个体；否则顺序重复步骤2、步骤3，直至仿真结束；最后，输出分析结果（可为实时监测、预测或历史数据分析结果）。

4.5.5 应用支撑单元

应用模块包括指标数据库、监测评估、预测分析、对比分析、可视化等子模块，可根据应用需要，为不同场景的交通流分析提供数据和可视化支持。各模块基本功能如下：

（1）指标数据库。

指标数据库用于存储特定时段内（历史、实时、预测期内）主要行人交通指标，并为应用模块的各子模块提供数据接口。从指标尺度可以分为4类：

①监测模型指标用于评估车站总体的交通特征，如实时客流量、行人密度、进入交通量、消散交通量、疏散时间、运力负荷、驻留时间等指标。

②仿真区域指标用于评估特定仿真区域内行人交通流特征，如区域内的行人密度、平均速度、行人数、总停留时间、总节省时间、总延误时间等指标。

③仿真节点指标用于评估特定仿真节点处的行人交通流特征，如节点排队长度、排队等候时间、运力负荷等指标。

④仿真个体指标用于评估特定仿真个体的仿真行为特征，如实时位置、方向、速度、加速度、排队时间等指标。

（2）分析模块。

分析子模块实现车站主要指标的统计分析。该子模块通过将历史数据注入仿真分析模块，实现对历史运行状况复盘和指标分析，评估车站交通组织措施或设施设备布局等的合理性。如图4-39所示，历史数据分析操作流程如下：

步骤1：构建模型单元构建分析模型，按需确定合适的仿真参数；

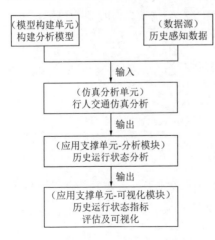

图 4-39 历史数据分析操作流程

步骤 2：将历史感知数据输入仿真分析单元，进行行人交通仿真分析；

步骤 3：仿真分析单元输出基于历史数据的行人交通运行指标；

步骤 4：可视化模块对历史运行状态指标评估及可视化。

（3）监测模块。

监测分析模块实现车站主要指标的实时监测。通过实时监测时间单元 t 内获得的各监测区域行人个体特征数据和客流量数据等，并将结构化的流量监测数据发送至仿真分析模块，进而得到行人交通量各项实时监测指标，监测仿真场景的客流时空特征。检测模块操作流程如图 4-40 所示，监测操作流程如下：

步骤 1：构建模型单元构建分析模型，按需确定合适的仿真参数；

步骤 2：将实时感知数据输入仿真分析单元，进行行人交通仿真分析；

步骤 3：监测模块输出基于实时监测数据的行人交通运行态势监测指标；

步骤 4：可视化模块对实时运行状态指标评估及可视化。

（4）预测模块。

预测分析模块根据历史监测数据，预测分析各仿真节点客流的发生与消散，进而实现车站主要指标的短时预测。当接入预测的时间单元 t 内的监测区域流量时，分析模块输出预测期内 $t+1$ 内的行人交通流指标。因此，预测分析模块可通过基于历史数据的预测，实现对未来运行态势的研判，便于车站工作筹备。预测模块分析操作流程如图 4-41 所示，预测分析的具体操作流程如下：

步骤 1：模型构建单元构建分析模型，读取行人流量预测数据；

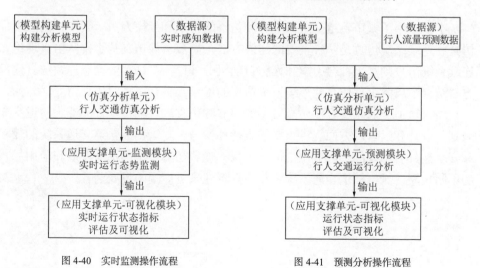

图 4-40 实时监测操作流程　　　　图 4-41 预测分析操作流程

步骤 2：仿真分析单元进行行人交通仿真分析；
步骤 3：预测模块进行行人交通运行预测；
步骤 4：可视化模块进行运行状态指标评估及可视化。

（5）可视化模块。

可视化模块可实现分析子模块、监测子模块、预测子模块得到的各项交通指标的可视化展示。为实现真实环境的可视化模拟仿真，通过计算机图形图像技术与仿真技术相结合，把仿真数字模型转化为地图、图表、报告、视频等形式的成果，从而实现仿真过程、成果指标等的可视化。可视化模型可以基于 Web 开发，也可以是桌面端应用。

本节结合城市轨道交通运营管理需求，提出了一套以"模型构建——流量感知——仿真分析——应用支撑"为技术路线的地铁车站动态客流仿真模型及平台构建方案。该方案基于既有传感设备采集客流量，通过构建车站动态仿真分析模型，实现了三维空间中，行人流的动态、连续监测，揭示了行人交通的时空动态分布特征；实现了行人交通微观指标（如排队长度、延误时长、等候时长、流线交叉等）的系统化、定量化评价；实现了行人流演化态势的短时预测；充分利用既有传感设备采集行人流量，在此基础上进行微观交通特征的深度挖掘。

4.6 小结

本章介绍了城市轨道交通系统客流仿真的特点和建模方法。其中，离散事件仿真和连续系统仿真是两种主要的建模方法，离散事件仿真基于排队仿真理论，连续系统仿真则基于社会力学和元胞自动机等理论。车站客流动态连续仿真建模方法结合了离散事件仿真和连续系统仿真的优点，具有更高的仿真精度。

城市轨道交通系统客流仿真模型的建立和仿真软件的开发，能够为轨道交通规划、设计和运营等方面提供重要的支持和参考，对于提高轨道交通系统的效率和安全性具有重要的实际应用价值。未来，随着仿真技术的不断发展和应用场景的不断拓展，城市轨道交通系统客流仿真将迎来更广阔的发展前景。

第 5 章
城市轨道交通运力负荷评估技术

5.1 概述

进入 21 世纪以来，我国城市轨道交通持续高速发展，主要城市已逐步实现网络化运营。随着网络化格局的形成，出行需求激增、供需矛盾突出、安全风险严峻等问题日益凸显；同时，随着运营规模快速增长、客运量不断攀升，城市轨道交通安全运行压力日趋加大，城市轨道交通安全保障难度越来越大，乘客的服务需求和期望也越来越高，对提升行业管理水平提出了新的更高要求。

2018年，国务院办公厅、交通运输部相继发布《国务院办公厅关于保障城市轨道交通安全运行的意见》《城市轨道交通运营管理规定》，指出城市轨道交通规划、建设、运营协调衔接不足，导致城市轨道交通运营后出现"网、线、站"运力不足等问题，提出要建立城市轨道交通运营安全评估制度。目前，我国针对城市轨道交通系统的运营统计指标虽然为数众多，但其中大部分指标仅从客流需求或供给的一个方面反映系统特征，而对系统客流需求和供给之间关系的客观揭示方面，则还比较缺乏科学的方法和指标体系。因此，建立一套能够科学、综合、客观评估城市轨道交通线网、线路、车站服务能力与客流需求匹配关系的评估指标及方法体系尤为必要。

本章在明确运力负荷评估内涵和外延的基础上，建立运力负荷评估指标体系，并提出运力负荷评估的具体方法。

5.2 评估对象与范围

5.2.1 基本概念

为便于理解和消除歧义，本节对城市轨道交通运力负荷评估相关概念进行定义和说明。

运力负荷：城市轨道交通线网、线路、车站服务能力与客流需求的匹配关系。

运力负荷评估：通过计算运力负荷指数，评估城市轨道交通线网、线路、车站运力供给与需求关系的过程。

负荷度：反映单一设施设备服务能力与客流需求关系的无量纲数值，用于描述设施设备、通道等单一设施设备客流需求量与通过能力的关系。

运力负荷指数：反映城市轨道交通服务能力与客流需求关系的无量纲数值，包括线网运力负荷指数、线路运力负荷指数及车站运力负荷指数。

统计期：运力负荷评估指标计算的时间单元。

5.2.2 评估对象

城市轨道交通运力负荷评估的对象包括线网、线路及车站。

在城市轨道交通运营管理、规划设计等工作中，一般把轨道交通分为网、线、站三个层级。就实际功能而言，车站承担乘客的集散换乘，线路实现乘客的运输，线网则是线路的集合；从运营管理角度，运营公司一般也采用网线站分级管理的模式。因此运力负荷评估对象分为线网、线路及车站三个层级。

对于线网、线路的评估，重点关注输送能力与需求的匹配关系，选取区间为基本评估单元；对于车站的评估，重点关注车站的客流集散容纳能力与需求的匹配关系，选取车站内关键设施设备（站台、换乘通道、楼扶梯、安检、闸机等）为基本评估单元。

5.2.3 评估范围

（1）适用范围。

本章提出的城市轨道运力负荷评估方法，旨在建立运营阶段的常态化监测评估体系，主要适用于已运营线网、线路、车站的评估。另外，由于评估基础数据主要为客流需求和运力供给数据，在建设改造阶段可通过客流预测或仿真手段获得，因此也可作为城市轨道交通既有线改造评估、新线建设评估等工作的参考。鉴于运营阶段和建设改造阶段的客流基础数据条件不同、应用目的不同，需要对评估时间范围分别界定。

（2）评估时间范围。

运营阶段客流基础数据可常态化采集，同时为满足常态化的监测与评估，运力负荷评估的时间范围需要覆盖完整的运营时间范围，以实现连续监测。

建设改造阶段的客流基础数据主要来自客流预测分析、仿真评估分析等，而预测数据一般只包含关键特征日、全日及高峰时段，因此运力负荷评估的时间范围选取工作日、双休日及节假日这三类典型特征日，着重评估其高峰时段的运力负荷状况。

城市轨道交通系统运力负荷最突出的时段是高峰时段，因此高峰时段作为运力负荷评估的重点评估时段；既有研究表明，线网、线路、车站的高峰时段往往不完全一致，因此高峰时段需要依赖客流数据分析和评估对象、评估目的确定。一般情况下，工作日可分别选取线网、线路、车站早晚高峰客流量最大的 1h 作为高峰时段。

（3）评估数据粒度。

运力负荷评估的统计期，应该结合数据采集条件和评估目的确定。对于数据采集条件支持的，统计期可选用 5min、10min、30min 等，一般不应大于 1h。

在进行不同评估对象或不同时间的对比分析时，采用统一的评估统计期计算运力负荷指数，以保证数据间的可比性。

5.2.4 评估基础数据

（1）数据需求。

运力负荷评估的核心是评估线网、线路、车站的客流需求与设施供给能力的关系，即通过评估运力供给、需求的匹配关系，衡量城市轨道交通运力负荷状况。由于车站与线路、线网在轨道交通系统中承担的功能不同，因此需分别选取合适的评估指标。

线网、线路主要评估其客流需求量与运输能力的关系，基本评估要素是列车和区间。基础数据包括断面客流量、运能、断面满载率。

车站运力负荷评估主要评估车站各类设施设备的客流需求量与设施设备供给能力（通过能力、承载能力）的关系，基本评估要素包括车站站台、楼梯、自动扶梯、换乘通道、安检设备、闸机等。基础数据包括设施设备类型、尺寸、通过能力、客流量等。

（2）线网、线路层面数据获取。

线网、线路评估所需基础数据主要是断面客流需求量、运能和满载率数据，为满足精细化评估的要求，数据获取的范围需覆盖列车、区间。

当前国内各运营公司都建设了城市轨道交通自动售检票系统（AFC 系统），对乘客刷卡收费等进行自动化管理；基于 AFC 数据、列车运行图等数据的客流统计分析系统，可实现断面客流量、运能数据的采集分析，据此可计算得到断面满载率数据。目前国内大部分运营公司均已建设有客流统计分析系统，具有较好的数据基础，运营阶段运力负荷评估数据可采用此方式获取。

从满足实际评估需求而言，数据采样周期可选用 5min、15min、30min、1h 等不同周期。数据采样周期的选择一方面考虑客流分析系统的数据统计周期，另一方面考虑列车的发车间隔。高峰时段城市轨道交通的发车间隔一般在 5min 以内（部分线路可达到 2min），基于此考虑，选用更短的数据采样周期意义不大。

对于建设改造阶段的运力负荷评估，由于线路尚未实际运营，可以采用客流预测数据进行评估。《城市轨道交通客流预测规范》（GB/T 51150—2016）中规定了预测成果数据的要求，包含断面客流量、满载率数据，可满足建设改造阶段的评估数据需求。

（3）车站层面数据获取。

车站运力负荷评估所需基础数据主要是设施设备的客流需求量和通过能力。

此前受限于技术手段、现场应用等方面的因素，车站内各设施设备客流数据并不在传统的客流统计分析范畴，而运营公司此前也并未常态化采集该类客流数据。随着技术发展与进步，基于视频分析的客流计数分析技术逐步成熟，已具备实际应用条件，可以通过综合监控视频数据分析获取车站运力负荷评估所需客流数据（图 5-1、图 5-2）。

图 5-1　基于视频分析的通道客流计数

图 5-2　基于视频分析的站台客流计数

对于建设改造阶段的车站运力负荷评估，客流数据采用客流预测或车站仿真分析的方式获取，如图 5-3 所示。

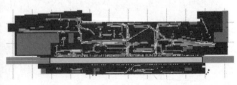

图 5-3　车站客流仿真分析示意图

5.3 指标体系

运力负荷评估指标体系用来评估城市轨道交通运力供给与需求关系,包含线网、线路、车站三个层级。本节在研究指标体系功能、选择思路和选取原则的基础上,结合城市轨道交通网、线、站运营管理业务特点,选取合适的指标构建运力负荷评估指标体系。

5.3.1 指标选取

1) 评估指标体系功能

指标是根据研究的对象和目的,用以反映研究对象某方面情况特征的依据。每一个评价指标都是从不同侧面刻画对象所具有的某一种特征。所谓指标体系是由一系列互相关联的指标构成的整体。指标体系应具备以下三种功能。

(1) 描述。

指标是对客观世界的一种描述和度量,这是指标的基本功能。构建的指标体系,应能够客观反映城市轨道交通线网、线路、车站三个层级对象的运力负荷水平。

(2) 评价。

通过科学的理论对筛选出来的评价指标进行评价与比较,得到城市轨道交通运力负荷评估定量分析结果,为评估城市轨道交通运力负荷状况、支撑城市轨道交通精细化管理及服务水平提升等提供技术理论支持。

(3) 调控。

根据城市轨道交通运力负荷评估结果,辨识影响城市轨道交通运力的薄弱环节,分析瓶颈形成原因并为优化措施制定提供依据,从而为行业管理部门、运营公司等提供管理决策抓手,提高城市轨道交通运营管理精细化水平。

2) 评估指标选取原则

(1) 系统性原则。

由于城市轨道交通是一个涵盖多因素、多目标的复杂系统,评价其运力负荷状况应力求全面反映线网、线路、车站不同层级的运力状况,以保证评价的全面性和可靠性。

(2) 科学性原则。

评价指标体系必须具有科学的理论依据。即指标本身要具有科学性,单个指标在理论上应具有完备性，指标与数据的计算必须以科学理论为依据。即指标能够客观合理、科学地反映城市轨道交通运力负荷状况。

（3）易得性原则。

在构建评价指标体系时，应在尽可能简明的前提下，选择基础数据易获取、指标计算简洁、物理含义明确的指标，使得所构建的指标体系具有较强的可操作性、基础数据易获取。

（4）关键性原则。

确定指标体系时，必须认识到不能将所有指标都列入综合评价指标体系。应该选择各方面具有代表性的关键指标，使得指标体系在全面性和复杂性方面取得平衡。

（5）可比性原则。

在确定评价指标和标准时，应考虑时间与空间的变化及其影响，合理地选用相对指标与绝对指标，以确保评估指标体系既适合于同一城市不同时期的纵向比较，也适合于不同城市间的横向比较。

（6）可操作性原则。

评价指标体系应力求达到层次清晰、指标精炼、方法简洁，使之具有实际应用与推广价值。为此，选取的指标要具有可操作性，指标应含义明确且易于被理解，指标量化所需资料收集方便。

5.3.2 指标体系构建

本节旨在建立一套综合评估城市轨道交通线网、线路、车站运力负荷的指标体系。目前，行业内常用的统计指标往往只能单一表征客流需求（如线网客流量、线网换乘量、断面客流量等）、交通设施供给能力（如网络规模、运能等）的特征，或仅能表征线网、线路的局部特征（如断面客流量、断面满载率），不能很好适应综合评估线网、线路、车站运力负荷水平的需求。

常用的线网客流统计指标见表5-1。客运量、线网长度、客运周转量、负荷强度等指标从不同角度描述了线网供给、客流需求状况，但都不能反映出哪座城市的轨道交通运力最紧张。

在此背景下，提出分层分级的城市轨道交通运力负荷评估指标体系，该指标体系从评估对象角度可分为"线网、线路、车站"，从评估指标角度分为"特征类指标、综合类指标"。

线网客流主要指标对比表　　　　　　　表 5-1

主要客流指标	北京	上海	广州	深圳
日均客运量（万人次）	1186	1102	930	561
线网长度（km）	699	705	493	315
换乘量（万人次）	551.6	475.2	412.7	197.0
换乘客流比例（%）	46.5%	43.1%	44.4%	35.1%
换乘系数	1.87	1.76	1.80	1.54
轨道出行量（万人次）	634.7	627.1	517.7	364.0
客运强度（万人次/km）	1.70	1.56	1.89	1.78
平均乘距（km）	16.7	16.2	13.8	13.2
客运周转量（万人次·km）	10657	10158	7166	4801
客流密度/负荷强度（万人次·km/km）	15.15	14.4	14.5	15.24

根据评价对象的适用性，将城市轨道交通运力负荷评估指标分为特征性指标和综合类指标；综合类指标可通过特征类指标计算得到。

特征类指标用于评价线网和线路区间及车站内各种设备设施的需求与能力之间的关系，其评估对象为单一设施设备。包括断面满载率、站台负荷度、楼扶梯负荷度、换乘通道负荷度、安检设备负荷度、闸机负荷度和换乘设施负荷度。

综合类指标用于评价线网、线路及车站的需求与能力之间的关系，包括线网运力负荷指数、线路运力负荷指数、车站运力负荷指数以及运力负荷等级。

指标体系如图 5-4 所示。

1）综合类指标

综合类指标包括线网运力负荷指数、线路运力负荷指数、车站运力负荷指数以及运力负荷等级。其中线网和线路运力负荷指数均通过特征类指标断面满载率按照给定公式求得；车站运力负荷指数则通过特征类指标中车站内各设施设备负荷度经加权计算求得。

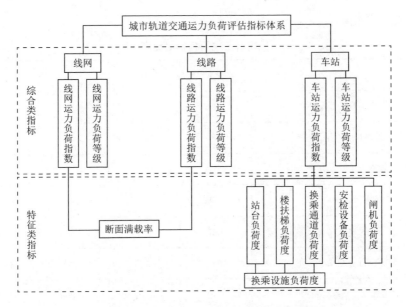

图 5-4 城市轨道交通运力负荷评估指标体系

2）特征类指标

特征类指标包含断面满载率、站台负荷度、楼扶梯负荷度、安检设备负荷度、闸机负荷度和换乘设施负荷度。

其中，断面满载率是构建线网、线路运力负荷指数的基础指标；站台负荷度、楼扶梯负荷度、安检设备负荷度和闸机负荷度（换乘站包含换乘通道）用于评价车站内部设施设备的负荷水平，是构建车站运力负荷指数的基础。

（1）断面满载率。

断面满载率表示区间运输能力的利用效率，即区间所承载的实际客运量与该区间的运输能力的比值，该指标反映不同区间提供的乘客运输能力的实际利用情况。区间满载率越高，运输能力利用率越高，同时该区间的能力剩余越小，适应客流量增长的能力越小；最大满载率区间即成为线路、线网运力的瓶颈。区间满载率越低，区间能力利用率越小，该区间的能力剩余越大，适应客运需求增长的能力越大，但是运输能力利用率匹配性越低，存在区间运输资源闲置或浪费的现象。

（2）站台负荷度。

站台是城市轨道交通车站重要的基础设施，是供容纳乘客候车、供乘客上下车的场所，对整个轨道交通系统的运营起着举足轻重的作用。站台负荷度由站台乘客密度转换计算得到，是候车区和流动区服务水平的综合体现。

（3）楼扶梯负荷度。

自动扶梯和楼梯是轨道交通车站内连接站厅、站台的通过类设施。高峰时段有大量乘客进出站或换乘时，楼扶梯的客流需求量增加，在楼扶梯口易发生排队和拥挤。楼扶梯负荷度定义为由客流需求量与楼扶梯通过能力的比值。

（4）安检设备负荷度。

为保障城市轨道交通乘车安全，各城市均实行进站安检措施。当单位时间内乘客流量大于安检最大通过能力时，安检设备前出现排队现象。安检设备负荷度定义为客流需求量与安检设备通过能力的比值。

（5）闸机负荷度。

自动检票机，即闸机，设置在站厅的非付费区与付费区之间，乘客通过刷卡、扫码过闸进出车站，闸机通常有三杆式及门扉式两种。闸机一般成组排列，乘客根据走行路径、排队情况选择闸机进出站，因此将闸机组作为基本评估单元。闸机负荷度定义为客流需求量与闸机通过能力的比值。

（6）换乘通道负荷度。

乘客在城市轨道交通系统不同线路间换乘在换乘站完成。在非同台换乘布局的车站，乘客由一条线路换乘至另外一条线路需经过换乘通道。换乘通道的通过能力受通道单/双向通行、通道宽度等因素影响。换乘通道负荷度定义为客流需求量与换乘通道通过能力的比值。

5.4 线网、线路评估方法

前文构建了城市轨道交通运力负荷评估的指标体系，本节阐述线网、线路运力负荷评估特征类指标、综合类指标计算方法、运力负荷评估等级评估方法，并提出线网、线路运力负荷评估的一般流程。

5.4.1 评估流程

线网、线路运力负荷评估可分为以下步骤：

步骤1：根据评估目的确定评估时段、统计期，计算线网（线路上下行）区间的满载率；

步骤 2：统计处于不同满载率分段的区间数量；
步骤 3：计算线网（线路）运力负荷指数；
步骤 4：评估线网（线路）运力负荷等级。

5.4.2 满载率计算及满载率分段划分

（1）满载率计算。

满载率指标是线网（线路）运力负荷指数计算的基础。满载率反映城市轨道交通区间列车内的拥挤程度，定义为统计时段内，运营线路某一区间单向断面的客流量与相应断面运力的比值。计算公式如下。

$$k_v = \frac{Q_v}{C_v} \tag{5-1}$$

式中：k_v——统计期内，某一区间单向断面的满载率；
    Q_v——统计期内，某一区间单向断面的客流总量；
    C_v——统计期内，相应断面基于行车方案和列车载客容量计算的单向额定运输能力。

满载率计算时按照 6 人/m² 的车厢立席密度确定运输能力，以保证评估结果具备可比性，同时适应计算权重、评估等级的划分。

（2）满载率分段。

为统计满载率介于一定范围的区间数量，需对满载率进行分段，各满载率分段对应确定的计算权重。满载率分段从 0 开始、以 0.1 为间隔递增分段，每个满载率分段为左闭右开区间。

5.4.3 线网运力负荷指数计算方法

线网运力负荷指数定义为线网中不同满载率分段的区间数量占线网区间总数量的比例经加权计算得到的无量纲指标，其数值越大，表示运力负荷越高。计算公式如下：

$$I_w = \frac{\sum N_k \cdot w_k}{N} \tag{5-2}$$

式中：I_w——统计期内，线网运力负荷指数；
    N_k——统计期内，线网中满载率k介于某一范围的区间数量，个；
    N——线网中区间的总数量，个；

w_k——满载率k对应的计算权重，计算权重w_k宜根据评估目的和行业发展通过调查确定，并按年度更新修正。

线网运力负荷指数的定义主要考虑了以下因素：

（1）以区间为基本要素，选用反映需求、供给匹配程度的满载率为基础指标；

（2）线网运力负荷指数应能够反映全网运力负荷情况，因此将全网所有区间纳入指标计算范畴；

（3）站在运营管理角度，满载率高的区间带来更大的运营管理压力，引入满载率计算权重表征不同满载率对线网运力负荷的不同影响；

（4）运力负荷指标应满足同一城市不同时期、不同城市间的对比分析需求，考虑到不同城市线网规模、区间数量不同，采用相对值（比例）构建指标，即"不同满载率区间数量占线网区间总数量的比例"；

（5）运力负荷指数为无量纲数值。

5.4.4 线路运力负荷指数计算方法

线路运力负荷指数定义为线路某方向各满载分段内的区间数量占该方向区间总数量比例经加权计算得到的无量纲指标，数值越大表示运力负荷越高。计算公式如下：

$$I_l = \frac{\sum N_k \cdot w_k}{N} \tag{5-3}$$

式中： I_l——统计期内，线路运力负荷指数，线路运力负荷指数应对线路上行、下行分别计算；

N_k、N、w_k——含义与线网运力负荷指数计算公式相同。

受城市轨道交通线路区位、沿线土地利用等因素的影响，早晚高峰时段线路上下行方向的客流量往往呈现出不均衡性，而需求与运力供给矛盾表现在客流量较大的方向，因此线路运力负荷指数在计算时应区分上行、下行分别计算。

5.4.5 评估等级划分

城市轨道交通运力负荷评估结果采用运力负荷指数、运力负荷等级两种描述形式。在计算得到线网、线路运力负荷指数的基础上，将运力负荷指数等间隔划分为5个等级，各等级以A、B、C、D、E表示，并采用统一的颜色表达（表5-2）。通过定量的指数和等级相结合的表达形式，更有利于评估结果的解读、不同时空维度之间的比较。

线网（线路）运力负荷指数与运力负荷等级的推荐映射关系表　　表 5-2

运力负荷等级	A	B	C	D	E
线网（线路）运力负荷指数	[0,2)	[2,4)	[4,6)	[6,8)	[8,10]
颜色表示	绿	浅绿	黄	橙	红
RGB 颜色代码	0, 128, 0	153, 204, 0	255, 255, 0	255, 153, 0	255, 0, 0

5.5　车站评估方法

车站包含多种不同类型的设施设备，按设施设备类型可分为容纳类设施（站台）、通过类设施（楼扶梯、通道、闸机、安检设备），根据设施设备类型不同，分别提出特征类指标定义和计算方法；对于换乘站，需评估换乘设施运力负荷；在特征类指标的基础上，进一步进行车站运力负荷指数计算、运力负荷等级评估。

5.5.1　评估流程

车站运力负荷评估可分为以下步骤：

步骤 1：计算特征类指标，包括站台负荷度、换乘通道负荷度、楼梯负荷度、自动扶梯负荷度、安检设备负荷度和闸机负荷度；如果车站是换乘站，计算换乘设施负荷度；

步骤 2：根据负荷度与负荷等级的映射关系表，得到设施设备负荷等级；

步骤 3：汇集评估指标，计算车站运力负荷指数；

步骤 4：根据车站运力负荷指数与车站运力负荷等级的映射关系表，得到车站运力负荷等级。

5.5.2　站台负荷度计算方法

车站站台作为容纳类设施，以客流密度（每平方米的乘客数量）表征其拥挤程度。该指标描述瞬时状态特征，无须按照时间进行累加，为保证与其他指标在时间处理上的一致性，选用统计期内的最大客流密度作为评估统计期内站台客流拥挤程度的指标。

考虑指标体系中其他指标均为客流需求量与通过能力的比值（即负荷度），有必要将站台客流密度进一步处理为站台负荷度。站台负荷度定义为站台实际客流密度与站台所能承载最大客流密度的比值，为无量纲数值。

1）站台客流分布特征

站台客流是动态的，从列车到站前乘客进入站台候车，列车到站后乘客上下车，再到下车乘客离开站台，可以作为一个周期的动态变化过程。根据对地铁站台客流特征的长期实地观察，乘客状态可分为4类：由楼（扶）梯至站台门、站台门至楼扶梯的走行状态，站台门前候车状态，上车前集结状态，乘降互换状态。

（1）楼扶梯—站台门间的走行状态。

待上车的乘客由楼（扶）梯进入站台后，需走行分散至对应乘车方向的站台门前候车；车内乘客下车后，需从车门下车并走行至楼扶梯疏散。以上过程中乘客处于走行状态，人与人之间保持较远的距离、人群相对分散。

（2）候车状态。

当车站进站客流量较小时，乘客一般会选择距离进站楼扶梯较近的乘降区进行候车，而且乘客会三三两两随机分布，没有明显规律。当车站客流较大时，乘降区候车乘客会分散至各站台门前并排队候车，其分布特征不尽相同。

列车未到站时，乘降区候车乘客的分布状态特征如图5-5所示。每个☆代表一位候车乘客，候车乘客会根据车门前地面上的候车排队指示，选择合适的候车位置。乘降区客流较大时，候车客流的主要候车形式有：①无规律的聚集状态，人数较多时聚集客流会在车门前集聚；②在车门开启位置两侧排成两组长队；③在车门位置排几组小队。

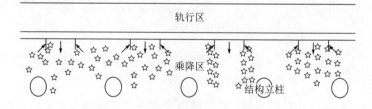

图5-5 站台乘降区候车状态示意图

（3）上车前集结状态。

在列车到站停车后，但在车门开启之前，乘客会自动向每个车门两侧集结，让开车门对应区域，等待车门开启，此时安全带区已被乘客占用。各车门位置对应的乘客候车特征如图5-6所示，图中实心车门表示车门处于未开启状态，此时乘降区候车乘客☆向车门位置聚集，同时刚进站的乘客★也从站台集散区向乘降区车门位置附近聚集。该状态下，各车门开启位置的候车客流会自动分为两组，列于车门开启位置两侧，等待车门打开，遵守"乘客先下后上"的规则。

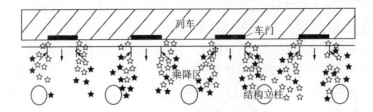

图 5-6 列车进站但车门未开启状态

（4）乘降互换状态。

该状态为列车停站，车门已经开启，各车门位置对应的乘客候车特征如图 5-7 所示。图中空心车门表示车门处于开启状态，此时，各车门附近等待上车的乘客☆会继续分散成两部分，分别聚集在车门两侧，等待车上乘客下车（◎表示正在下车的乘客），刚进站的乘客★也继续补充候车区位置，其中，在下车客流较小的前车门，乘客的上、下车可以是同时进行的。

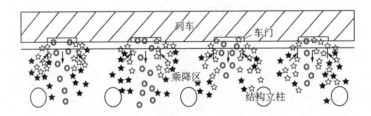

图 5-7 列车停站时乘降互换状态

2）站台候车区与流动区划分

划分站台候车区与流动区，主要是考虑乘客在走行、排队等候状态下所需空间不同，分别评估不同区域的乘客密度。

根据站台客流分布特征可知，城市轨道交通站台客流状态主要有 4 种，走行状态、候车状态、上车前集结状态、乘降互换状态。其中，后 3 种状态客流集中区域主要集中在站台靠近列车的区域、客流密度较高，将其定义为候车区；而走行状态客流密度较小，空间上主要发生在候车区以外的站台区域，将其定义为流动区。

结合地铁设计规范，供乘客站立候车的区域在规范中定义为侧站台（侧站台宽度×有效站台长度），即站台候车区；其余区域即流动区（乘客走行疏散的区域)。站台流动区、候车区划分示意图如图 5-8 所示。

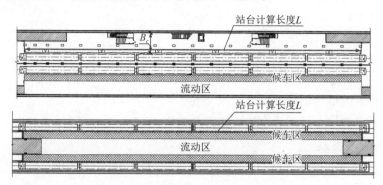

图 5-8 站台候车区、流动区划分示意图

3) 站台候车区乘客密度

统计期内站台候车区瞬时客流最大值与站台候车区面积的比值,反映站台候车区拥挤程度。计算公式如下:

$$\rho_s = \frac{Q_s}{\beta S_s} \tag{5-4}$$

式中:ρ_s——统计期内,车站站台候车区 S 的客流密度,人/m²;

Q_s——统计期内,车站站台候车区 S 瞬时客流量的最大值,人;

S_s——(侧式或岛式)站台候车区面积,m²;

β——站台候车区面积的调整系数,用于减除车门前预留乘客下车区域的面积,$0 < \beta \leq 1$。

4) 站台流动区乘客密度

统计期内站台流动区瞬时客流最大值与站台流动区面积的比值,反映站台流动区拥挤程度。计算公式如下:

$$\rho_r = \frac{Q_r}{S_r} \tag{5-5}$$

式中:ρ_r——统计期内,车站站台流动区 r 的密度,人/m²;

Q_r——统计期内,车站站台流动区 r 瞬时客流量的最大值,人;

S_r——统计期内,车站站台流动区 r 的有效面积,m²。

站台流动区有效面积为可供乘客走行的面积,由站台面积减除柱子、楼梯、扶梯投影面积和站台候车区面积得到,可按下式计算:

$$S_r = L_i(B_i - a_i b_i) - n_i S_{i,y} - \sum_s S_{i,s} \tag{5-6}$$

式中：L_i——站台有效长度，m；
　　　B_i——站台宽度，m；
　　　b_i——侧站台宽度，m；
　　　a_i——站台类型系数，侧式站台取 1，岛式站台取 2；
　　　n_i——柱数；
　　　$S_{i,y}$——纵梁在站台的投影面积，m^2；
　　　$S_{i,s}$——楼梯、扶梯和电梯在站台的投影面积，m^2。

5）站台负荷度

站台负荷度k_P取候车区负荷度k_s和流动区负荷度k_r的最大值，该指标综合反映站台的负荷程度。

候车区负荷度k_s、流动区负荷度k_r分别根据候车区乘客密度ρ_s、流动区乘客密度ρ_r计算得到。

（1）计算方法。

站台负荷度的计算步骤如下：

步骤1：计算站台候车区乘客密度和站台流动区乘客密度。

步骤2：将各区域的密度换算成负荷程度。

$$k_s = \frac{k_s^+ - k_s^-}{\rho_s^+ + -\rho_s^-}(\rho_s - \rho_s^-) + k_s^- \tag{5-7}$$

$$PDI = \frac{I_大 - I_小}{C_大 - C_小}(\overline{C} - C_小) + I_小 \tag{5-8}$$

$$k_r = \frac{k_r^+ + -k_r^-}{\rho_r^+ + -\rho_r^-}(\rho_r - \rho_r^-) + k_r^- \tag{5-9}$$

式中：k_s——车站站台候车区S的负荷度；

　　ρ_s^+、ρ_s^-——在站台候车区负荷度分级限值表中最贴近$\rho_s\overline{C}$值的两个值，ρ_s^+为大于ρ_s的上限值，ρ_s^-小为小于ρ_s的下限值；

　　k_s^+、k_s^-——在站台候车区负荷度分级限值表中最贴近k_s值的两个值，k_s^+为大于k_s的上限值，$k_s^-I_大$为小于k_s的下限值；

　　k_r——车站站台流动区 r 的负荷度；

　　ρ_r^+、ρ_r^-——在站台流动区负荷度分级限值表中最贴近$\rho_r\overline{C}$值的两个值，ρ_r^+为大于$\rho_r\overline{C}$的上限值，$\rho_r^-C_小$小为小于ρ_r的上限值；

　　k_r^+、k_r^-——在站台候车区负荷度分级限值表中最贴近$k_r\overline{C}$值的两个值，k_r^+为大于

第 5 章 城市轨道交通运力负荷评估技术

k_r 的上限值，$k_r^-I_大$ 为小于 k_r 的下限值。

步骤 3：计算站台的运力负荷度。取两者负荷的最大值。

$$k_P = \max(k_s, k_r) \tag{5-10}$$

式中：k_P——站台的运力负荷度；

k_s——车站站台候车区 S 的负荷度；

k_r——车站站台流动区 r 的负荷度。

（2）站台候车区和流动区密度上下限研究。

目前研究行人的服务水平的划分方法有四种，分别为基于个人空间要求、步行环境、分数度量法及数学模型法。较为权威且最常用的一般为基于个人的空间大小的要求来进行行人服务水平的评价。美国《Highway Capacity Manual（2000）》（HCM 2000）、美国的 Fruin 和 Pushkarev-ZuPan、德国的 Brilon、日本的吉冈、以色列的 PoluS 等、泰国的 Jhnaboriboon-Guyano 等。

其中美国 HCM 2000 中对各级行人通行服务水平的划分标准见表 5-3。

美国 HCM 2000 中对各级行人通行服务水平的划分标准　　　　表 5-3

服务水平分级	通行服务水平标准内容
A 级	行人沿希望的路径行走，不因其他行人的影响而改变自己的行动。自由选择步行速度，行人之间不会发生冲突
B 级	行人有足够的空间自由选择步行速度、超越他人、避免穿行冲突。此时行人开始觉察到其他人的影响，选择路径时，也感觉到其他人的存在
C 级	行人有足够空间采用正常步行速度和在原来流线上绕越他人，反向或横向穿叉行走产生轻微冲突，人均空间和流率有所减少
D 级	选择步行速度和绕越他人的自由度受到限制，穿越或反向人流产生冲突的概率很大，经常需要改变速度和位置。该服务水平形成了适当流率的行人流，但是，行人之间很可能出现接触和干扰
E 级	所有行人的正常步速实际上受到限制，需要频频调整步速。行人空间很小，只能一步一步往前蹭，不能超越慢行者。穿叉和反向行走十分困难，设计流量接近人行通道通行能力，伴有人流阻塞和中断
F 级	所有行人步速严重受限，只能一步一步向前蹭，与其他人产生不可避免地频繁地接触，穿叉和反向行走几乎不可能。行人流突变、不稳定，其人均空间更具有行人排队的特点，而不像行人流

从上述定义中可以得出，在 A 级服务水平条件下，行人能够自由地行走；而当服务水平达到 F 级上限时，随着密度的提高，行人速度波动，行人流量开始下降。

除此外国内其他学者也曾基于人均空间的服务水平做过相关的研究，其研究结果对比见表 5-4。

不同学者基于人均空间的服务水平划分标准　　　　表5-4

服务水平分级		人均空间（人/m²）				
		HCM 2000	吴娇蓉等	李得伟	张琦	曹守华等
A	很好	[5.5,+∞)	[5.58,+∞)	[3.24,+∞)	[3.32,+∞)	[4.76,+∞)
B	良好	[3.7,5.6)	[3.72,5.658)	[2.32,3.24)	[2.33,3.23)	[3.4,4.76)
C	一般	[2.2,3.7)	[2.23,3.72)	[1.39,2.32)	[1.41,2.33)	[1.99,3.4)
D	较差	[1.4,2.2)	[1.40,2.23)	[0.93,1.39)	[0.90,1.41)	[1.35,1.99)
E	难以行走	[0.75,1.4)	[0.74,1.4)	[0.46,0.93)	[0.50,0.90)	[0.62,1.35)
F	难以接受	[0,0.75)	[0,0.74)	[0,0.46)	[0,0.50)	[0,0.62)

HCM 2000是针对开放空间划分，吴娇蓉等是针对世博会参观的场地的人流服务，因此对空间的要求较高；李得伟和曹守华等的针对诸如枢纽等的公共建筑环境下人流服务水平，在这种条件下，由于人员较多，相对较急，大多数人只是穿过，以离开为目的，因此对空间的要求相对较低，另外，通过与HCM 2000相比，可以看出亚洲人对拥挤的忍耐力相对强于西方。

结合上述水平划分标准，探索国内外关于站台流动区和候车区服务水平划分标准，可得到本书所需站台候车区和流动区密度与负荷度的推荐映射关系表。

①站台流动区密度与负荷度的推荐映射关系。

结合查阅文献与国内外服务水平分级可得到映射表，见表5-5。

站台流动区服务水平分级映射表　　　　表5-5

服务水平分级	密度 （人/m²）	速度 （m/s）	流率 [人/(m·s)]	密度上限 （人/m²）	人均空间 （m²/人）
A	0~0.29	≥1.3	0~0.38	0.29	3.45
B	0.29~0.55	1.04~1.3	0.38~0.57	0.55	1.82
C	0.55~1.0	0.80~1.04	0.57~0.80	1.0	1
D	1.0~2.03	0.51~0.80	0.80~1.04	2.03	0.49
E	>2.03	<0.51	波动		

表5-5划分得到站台走行区密度与服务水平关系表，共划分为5个等级，A、B、C、D和E级，其中A、B、C、D级密度上下限均可确定，E级密度上限未给定，故须令对其进行研究，具体研究见表5-6。

第5章 城市轨道交通运力负荷评估技术

拥挤条件下行人静态空间需求表 表5-6

类别	接触区域	不接触区域	个人舒适区域	可行动区域
面积（m²）	0.28	0.66	0.93	1.21
密度（人/m²）	3.57	1.52	1.08	0.83

我国《交通工程手册》中对于拥挤条件下行人对静态空间的需求大致划分为四类：接触区域、不接触区域、个人舒适区域及可行动区域。其中接触区域为可接受上限，对应密度即为密度上限，即为 3.57 人/m²。

故综合表 5-5 和表 5-6，可得站台流动区乘客密度与服务水平映射关系，见表 5-7。

站台流动区乘客密度与服务水平映射关系表 表5-7

流动区乘客密度ρ_r	下限	0	0.29	0.55	1.0	2.03
	上限	0.29	0.55	1.0	2.03	3.57
服务水平分级		A	B	C	D	E

可知站台流动区服务水平为 A 时，乘客密度为 0~0.29 人/m²，服务水平为 B 时，乘客密度为 0.29~0.55 人/m²，服务水平为 C 时，乘客密度为 0.55~1 人/m²，服务水平为 D 时，乘客密度为 1~2.03 人/m²，服务水平为 E 时，乘客密度为 2.03~3.57 人/m²。

② 站台候车区密度与负荷度的推荐映射关系。

结合查阅文献与国内外服务水平分级可得站台候车区服务水平分级映射表，见表 5-8。

站台候车区服务水平分级映射表 表5-8

服务水平分级	密度（人/m²）	速度（m/s）	流率[人/(m/s)]	密度上限（人/m²）	人均空间（m²/人）	密度（人/m²）
A	1.17	0.85	1.19	0.84	0.85	1.18
B	0.71	1.41	0.79	1.27	1.34	0.75
C	0.45	2.22	0.46	2.17	2.20	0.45
D	0.26	3.85	0.29	3.45	3.65	0.27
E	0.17	5.88	0.19	5.26	5.57	0.18

由表 5-8 可得站台候车区乘客密度与服务水平映射关系表，见表 5-9。

117

站台候车区乘客密度与服务水平映射关系表　　　表 5-9

候车区乘客密度ρ_s	下限	0	0.85	1.34	2.20	3.65
	上限	0.85	1.34	2.20	3.65	5.57
服务水平分级		A	B	C	D	E

可知站台候车区服务水平为 A 时，乘客密度为 0~0.85 人/m²，服务水平为 B 时，乘客密度为 0.85~1.34 人/m²，服务水平为 C 时，乘客密度为 1.34~2.20 人/m²，服务水平为 D 时，乘客密度为 2.20~3.65 人/m²，服务水平为 E 时，乘客密度为 3.65~5.57 人/m²。

结合表 5-8 和表 5-9，可得站台候车区和流动区密度与负荷度的推荐映射关系表，得到其关于负荷度之间的对应关系，见表 5-10。

站台候车区和流动区密度与负荷度的推荐映射关系表　　　表 5-10

候车区乘客密度ρ_s	下限	0	0.85	1.34	2.20	3.65
	上限	0.85	1.34	2.20	3.65	5.57
流动区乘客密度ρ_r	下限	0	0.29	0.55	1.0	2.03
	上限	0.29	0.55	1.0	2.03	3.57
负荷度k	下限	0%	40%	60%	80%	100%
	上限	40%	60%	80%	100%	140%

注：乘客密度单位为人/m²。

介于表 5-10，上下限之间的数值采用线性插值法计算，得到乘客密度和负荷度映射的对应关系如图 5-9 所示。

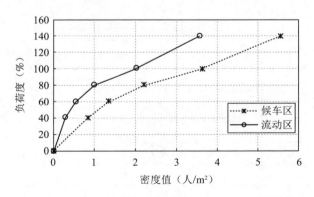

图 5-9　站台候车区和流动区密度与负荷度的推荐映射关系图

5.5.3 车站设施设备负荷度

车站乘客服务设施设备根据其功能可分为容纳类、通过类。容纳类设施（站台）的评价指标已在前文阐明，本节重点讨论通过类设施设备的评估方法。

通过类设施通常包括通道、楼梯、自动扶梯、闸机、安检设备等。乘客进出站及换乘过程中会经过安检设备、售票设备、闸机、通道、楼梯、自动扶梯等设施设备，客流的通行是否顺畅，与各个设施自身的通过能力以及各串联设施间衔接配合情况有着密不可分的关系。不同的客流流线上的通行设施数量、种类及顺序各不相同，设施通过能力和负荷度的问题契合点不尽相同，因此应对车站流线进行分析；主要分为进站流线、出站流线及换乘流线（若车站为换乘站），如图 5-10～图 5-12 所示。

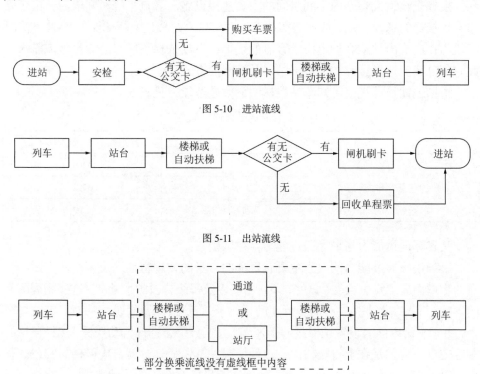

图 5-10 进站流线

图 5-11 出站流线

图 5-12 换乘流线

结合上文指标体系可得，车站设施运力负荷评估中的关键设施设备主要包括换乘通道、楼梯、自动扶梯、闸机、安检设备等。

1）楼梯负荷度

（1）负荷度计算。

统计期内某楼梯的客流需求量与实际通过能力的比值,反映楼梯负荷程度。

$$k_{st} = \frac{Q_{st}}{\Delta t C_{st}} \tag{5-11}$$

式中：k_{st}——统计期内,车站某楼梯的负荷度；

Q_{st}——统计期Δt（转化为 min）内,车站某楼梯的客流需求量（通过客流量与排队客流量之和）,人次；

C_{st}——某楼梯的实际通过能力,与楼梯的宽度,上行、下行或者混行相关,人次/min。

（2）通过能力分析。

楼梯是轨道换乘站内不同层间的主要连接设施。客流平峰时间段内,由于站内自动扶梯的辅助作用,楼梯的实载率一般较低（尤其是上行楼梯）；高峰客流时间段内,进或出站乘客加上换乘客流的叠加,自动扶梯不能充分满足客流需求,此时部分客流选择楼梯作为进出站以及换乘的方式。

根据地铁设计规范可知车站楼梯的最大通过能力见表 5-11。

车站楼梯的最大通过能力　　　　　表 5-11

部位名称		每小时通过人数
1m 宽楼梯	下行	4200
	上行	3700
	双向混行	3200

其实际通过能力与最大通过能力存在区别。

影响楼梯通过能力的因素主要有楼梯的自身的物理特性以及客流两方面。自身的物理特征主要有长度、宽度、倾斜角度以及每级梯段的尺寸,受这些物理因素的影响,行人在上下楼梯时的步行速度相比于通道会有所降低。平峰时段客流量较小,由于车站内同时设置扶梯服务于客流,大多数乘客选择自动扶梯,选择楼梯的乘客较少,特别是在上行楼梯中,这种情况尤其明显,这就造成楼梯的实载率很低。高峰时段客流量非常大,自动扶梯无法满足所有客流的移动需求,此时会有部分客流选择扶梯来完成进出站或者换乘的需要,此时是楼梯利用率最大的时段。

综上,通过对楼梯上行人的速度、密度、客流量三者关系进行研究,楼梯的通过能力N_{lt}可表示为：

$$N_{lt} = \rho_{lt} \times \vartheta_{lt} \times 3600 \tag{5-12}$$

式中：N_{lt}——上下行楼梯的通过能力，人/(h·m)；

ρ_{lt}——上下楼楼梯的平均密度，人/m²；

ϑ_{lt}——上下行楼梯的平均速度，m/s。

2）自动扶梯负荷度

（1）负荷度计算。

统计期内某扶梯客流需求量与实际通过能力的比值，反映扶梯的负荷程度。

$$k_{Es} = \frac{Q_{Es}}{\Delta t C_{Es}} \tag{5-13}$$

式中：k_{Es}——统计期内，车站某扶梯的负荷度；

Q_{Es}——统计期内，车站某扶梯的客流需求量（通过客流量与排队客流量之和），人次；

Δt——统计期，min；

C_{Es}——某扶梯的实际通过能力，人次/min。

（2）通过能力分析。

自动扶梯是楼层间高效输送乘客的设备，依据我国《地铁设计规范》（GB/T 50157—2013），轨道交通车站自动扶梯的输送速度有两种标准设置，0.5m/s 和 0.65m/s，其对应的通行能力分别为 6720 人次/h 和不大于 8190 人次/h。因自动扶梯的速度是固定，高峰时段的密度比平峰时大，但乘客在选择自动扶梯时都给自己留有一定的富余空间，因此本书不界定不同等级服务水平下自动扶梯上的客流密度。

《地铁设计规范》（GB/T 50157—2013）中规定：车站出入口的提升高度超过 8m 时，宜设置上行自动扶梯；高度超过 12m 时，除设置上行自动扶梯外，还宜设置下行的自动扶梯。当站厅与站台面之间的高差在 5m 以内时，宜设置上行自动扶梯，高差超过 5m 时，除设置上行自动扶梯外，还宜设置下行自动扶梯。

根据地铁设计规范可知车站自动扶梯的最大通过能力见表 5-12。

车站自动扶梯的最大通过能力　　表 5-12

部位名称		每小时通过人数（人次/h）
1m 宽自动扶梯	输送速度 0.5m/s	6720
	输送速度 0.65m/s	不大于 8190
0.65m 宽自动扶梯	输送速度 0.5m/s	4320
	输送速度 0.65m/s	5265

其实际通过能力与最大通过能力存在区别。

本书不考虑行人在自动扶梯上的走行、超越等行为，行人通过自动扶梯的速度决定于扶梯的输送速度，目前自动扶梯输送速度有两个标准，分别为0.5m/s和0.65m/s，自动扶梯的通过能力N_{ft}可表示为：

$$N_{ft} = \frac{3600 \times k \times \vartheta_{ft}}{l_{ft}} \tag{5-14}$$

式中：N_{ft}——自动扶梯的通过能力，人次/h；

ϑ_{ft}——自动扶梯输送速度，m/s；

l_{ft}——自动扶梯一级踏步长度，m；

k——自动扶梯每级踏步站立人数。根据《自动扶梯和自动人行道安装安全规范》(GB 16899—2011)可得，1m宽的自动扶梯每级踏步站立人数为两人，但在现实情况中，由于乘客年龄及性别的不同、乘客是否携带行李以及行李的尺寸等影响因素，每级踏步站立人数难以达到规范取值。

给出两组实地调研取得的踏步站乘人数统计表和其相应计算k值，依据表5-13，采用线性综合法求得最终k值为1.2。

踏步站乘人数统计表1　　　　　　　　　　　　表5-13

序数(i)	每级踏步站立人数(k)	比例β（%）
1	0	10
2	1	60
3	2	30
4	3	0

依据表5-14，采用线性综合法求得最终k值为0.87。

踏步站乘人数统计表2　　　　　　　　　　　　表5-14

序数(i)	每级踏步站立人数(k)	比例β（%）
1	0	35.29
2	1	58.82
3	2	5.89
4	3	0

由上述两者k值的差别可知，不同车站自动扶梯每级踏步站立人数存在很大不

同，需采用实地调查方式确定楼扶梯的实际通过能力。

3）安检设备负荷度

（1）负荷度计算。

统计期内某安检设备客流需求量与通过能力的比值，反映安检设备负荷程度。

$$k_{sc} = \frac{Q_{sc}}{\Delta t C_{sc}} \tag{5-15}$$

式中：k_{sc}——统计期内，车站某组安检设备的负荷程度；

Q_{sc}——统计期内，车站通过某组安检设备的客流需求量（通过客流量与排队客流量之和），人次；

Δt——统计期，min；

C_{sc}——统计期内，车站某组安检设备的实际通过能力，安检设备的可用能力与进站客流的特性密切相关，如大型火车站的地铁站乘客携带大型行李，安检设备的可用能力较低，人次/min。

（2）通过能力分析。

为了防止恶性的人为袭击，保障乘客安全，在一些车站入口处常常安置安检设备。常用的安检设备主要有行李安检机、安检门、金属探测器等。在城市轨道交通车站，通常只需使用行李安检机对乘客行李进行检测。

携带行李的乘客通过安检机时间主要由三部分组成，即行李准备时间、行李传送时间和取回行李时间。行李准备时间指乘客到达安检区域准备放下行李时刻起，到行李到达安检机黑箱入口的这段时间，行李传送时间指行李进入安检机黑箱开始到行李被传送出安检机黑箱为止的这段时间，取回行李时间指行李被传送出黑箱时刻起到乘客拿起行李准备离开安检区域的这段时间。行李传送时间与安检机传送带速度和黑箱长度有关。进站时乘客排队接受行李安检，因此可将行李看成单队通过安检机。

乘客携带的行李大小各异，由于其单列通过安检机，所以通过时间只与其放在传送带时的长度有关，而与宽度无关。乘客单独走行时的平均速度远大于传送带速度，因此当携带行李的乘客从放下行李至走行到安检机另一端等待取回行李的过程，不需要考虑乘客走行时间对行李安检的影响。

根据北京西直门地铁站调研可得每件行李需要的安检时间见表5-15。

行李安检时间表　　　　　　　　　　　表5-15

项目	行李准备时间（s）	行李传送时间（s）	行李取回时间（s）	总时间（s）
携带行李乘客	1.5	6.36	2.5	10.36

一般情况，每件行李对应一位乘客，将行李流转化为乘客流，可得安检机的通行能力为：

$$通行能力 = 3600 \times \frac{安检机黑箱长度}{每件行李占用安检机传送平均长度 \times 行李安检时间} \quad (5-16)$$

安检机的通行能力与行李大小有关，在火车站、汽车站等附近的城市轨道交通车站乘客携带的行李普遍较大，而在一般车站，其主要服务于乘客上下班、购物等，行李主要为手提包等小件物品。通过对北京西直门、建国门地铁站的统计，乘客每件行李占用安检机传送带平均长度为23cm，代入上式得安检机的通行能力为2115人/（h·台）。实际通过能力可在调查基础上采用上述方法计算得到。

4）闸机负荷度

（1）负荷度计算。

统计期内某组闸机设备客流需求量与通过能力的比值，反映闸机负荷程度。

$$k_g = \frac{Q_g}{\Delta t C_g} \quad (5-17)$$

式中：k_g——统计期内，车站某组闸机的负荷度；

Q_g——统计期内，车站通过某组安检设备的客流需求量（通过客流量与排队客流量之和），人次；

Δt——统计期，min；

C_g——统计期内，车站某组闸机的实际通过能力，闸机的通过能力与闸机组的布设方式、单个闸机能力密切相关，人次/min。

（2）通过能力计算。

自动检票机，即闸机，设置在站厅的非付费区与付费区之间，其最基本最核心的功能是实现一次只通过一人。闸机通常有三杆式及门扉式两种，西安地铁的闸机均为门扉式。行人进站时，闸机检验车票的有效性；出站时，闸机自动回收单程票或对交通卡进行扣费。

《地铁设计规范》（GB 50157—2013）中规定的闸机的服务能力见表5-16。

闸机最大通过能力　　　　　　　　　　　　　　　表5-16

部位名称			最大通过能力（人次/h）
自动检票机	三杆式	非接触IC卡	1200
	门扉式	非接触IC卡	1800
	双向门扉式	非接触IC卡	1500

其实际通过能力与最大通过能力存在区别。

客流早高峰时段,通过闸机的过程中,大多数行人在前一位行人走过门扉后便刷卡等待通过闸机。闸机的实际通过能力可以通过下式计算:

$$C_{zj} = \frac{3600}{t_{zj}} \tag{5-18}$$

式中:C_{zj}——单个闸机的实际通过能力,人次/h;

t_{zj}——单个闸机的平均服务时间,s。

在实际情况中,会存在因部分乘客对闸机使用不熟练或由于其它原因导致的时间延误,因此,取闸机通过延误系数μ_{zj}为0.05,且对于并列布置的多个同向的闸机,可看作一个设施,则闸机实际通过能力为:

$$N_{zj} = n_{zj} \times C_{zj}(1 - \mu_{zj}) \tag{5-19}$$

式中:N_{zj}——闸机的通过能力,人次/h;

n_{zj}——并列布置的同向闸机数量;

C_{zj}——单个闸机的实际通过能力,人次/h;

μ_{zj}——闸机延误系数,取0.05。

5)换乘通道负荷度

(1)负荷度计算。

统计期内换乘通道客流需求量与通道实际通过能力的比值,反映换乘通道负荷程度。

$$k_p = \frac{Q_p}{\Delta t C_p} \tag{5-20}$$

式中:k_p——统计期内,换乘站某换乘通道p的负荷度;

Q_p——统计期内,换乘站某换乘通道p的换乘客流需求量(通过客流量与排队客流量之和),人次;

Δt——统计期,min;

C_p——换乘通道p单位时间的实际通过能力,人次/min。

(2)通过能力分析。

在通道换乘车站内,换乘通道是乘客换乘的必经之路,所以通道的数量和宽度要满足高峰小时换乘客流需求和换乘的便利性,以及具备在紧急情况下使乘客快速疏散的能力,同时要兼顾与城市道路的立交功能,因此通道的设计要与车站的总体设计相适应。

《地铁设计规范》(GB 50157—2013)中规定的通道的最大通过能力见表5-17。

通道最大通过能力　　　　　　　　　　　　　　表 5-17

设施名称		每小时通过人数（人次/h）
1m 宽通道	单向	5000
	双向	4000

行人在通道内行走普遍较快，一方面，通道内行人大都目的明确，鲜少减速或停留，且通道内空间封闭给人以压迫感，行人会不自觉加快脚步；同时，在无拥挤的情况下，行人在通道内拥有足够的空间，走行自由度较大，速度也会有所提升。其实际通过能力与最大通过能力存在区别。

单向水平通道通过能力N_{td}可表示为：

$$N_{td} = \rho_{td} \times \vartheta_{td} \times 3600 \tag{5-21}$$

式中：N_{td}——单向通道的通过能力，人次/（h·m）；

ρ_{td}——单向通道平均客流密度，人次/m²；

ϑ_{td}——单向通道平均客流速度，m/s。

在双向混行通道中，由于对向行人流交叉干扰，会造成通道通过能力的降低，取行人流交叉影响系数α_{hx}为 0.2，则双向混行通道的通过能力N_{sxtd}为：

$$N_{sxtd} = (1 - \alpha_{hx})N_{td} \tag{5-22}$$

式中：N_{sxtd}——双向通道的通过能力，人次/（h·m）；

N_{td}——单向通道的通过能力，人次/（h·m）；

α_{hx}——行人流交叉影响系数，取 0.2。

6）换乘设施负荷度

当车站为换乘站时，车站设施设备需考虑换乘通道。同时闸机、通道、楼梯及自动扶梯等设施的布置具有连续性，且客流通过这些设施时目标明确，不具备随机性。因此，可以将闸机、通道、楼梯及自动扶梯之间的组合串联衔接看作一个集合体，这些设施通过能力的大小以及各设施间的衔接配合情况与车站通行系统的好坏息息相关。

换乘站换乘设施的主要研究对象界定为通道、楼梯、自动扶梯、安检设备和闸机五种通行设施。

换乘站换乘设施负荷度为各个换乘方向换乘设施负荷度按客流比例加权计算得到的无量纲指标，反映换乘站换乘设施的综合负荷程度。

单一换乘方向的换乘设施负荷度由换乘路径上各设施设备的最大负荷度

决定。

（1）某一换乘方向的换乘设施负荷度计算方法如下：

$$k_m = \max(k_s, k_r, k_{tr}, k_{st}, k_{Es}) \tag{5-23}$$

式中：k_m——统计期内，换乘站的某一换乘方向上换乘设施负荷度；

k_s、k_r、k_{tr}、k_{st}、k_{Es}——统计期内，站台候车区、站台流动区、换乘通道、楼梯、自动扶梯的负荷度，计算过程仅含该换乘方向所包括的换乘设施。

（2）换乘站换乘设施负荷度计算方法如下：

$$k_{trans} = \sum_m \beta_m k_m \tag{5-24}$$

式中：k_{trans}——统计期内，换乘站的换乘设施负荷度；

β_m——统计期内，换乘站某一换乘方向的权重系数，为该方向换乘客流量占车站总换乘量的比例；

k_m——统计期内，换乘站的某一换乘方向上换乘设施运力负荷度。

5.5.4 车站运力负荷指数计算方法

车站运力负荷指数为车站站台、换乘通道、楼扶梯、安检设施、进出闸机等设施设备负荷度经加权计算得到的无量纲指标，综合反映整个车站的运力负荷程度，数值越大表示运力负荷越高。

车站运力负荷指数计算方法如下：

$$I = \sum_k \alpha_k k_k \tag{5-25}$$

式中：I——统计期内，车站的运力负荷指数；

k_k——统计期内，车站关键区域k的负荷程度；

α_k——统计期内，车站不同关键区域k的权重系数，为关键区域k客流需求量占所有关键区域客流需求总量的比值。

5.5.5 评估等级划分

（1）设施设备运力负荷等级划分。

车站设施设备运力负荷应划分为五级，用颜色表示。等级划分和颜色表示见表5-18。

车站设施设备负荷度与运力负荷等级的推荐映射关系表　　　表 5-18

运力负荷等级	A	B	C	D	E
设施设备负荷度	[0,40%)	[40%,60%)	[60%,80%)	[80%,100%)	≥100%
颜色表示	绿	浅绿	黄	橙	红
RGB 颜色代码	0，128，0	153，204，0	255，255，0	255，153，0	255，0，0

（2）车站运力负荷等级划分。

车站运力负荷应划分为五级，用颜色表示。等级划分和颜色表示见表 5-19。

车站运力负荷指数与运力负荷等级的推荐映射关系表　　　表 5-19

运力负荷等级	A	B	C	D	E
车站运力负荷指数	[0,40%)	[40%,60%)	[60%,80%)	[80%,100%)	≥100%
颜色表示	绿	浅绿	黄	橙	红
RGB 颜色代码	0，128，0	153，204，0	255，255，0	255，153，0	255，0，0

5.6　小结

本章在分析城市轨道交通运力负荷内涵与外延的基础上，以动态、实时的数据采集为基础，构建了涵盖"线网、线路、车站"3 个层级的城市轨道交通运力负荷评估指标体系，定义了运力负荷指标的计算方法，通过计算线网、线路、车站运力负荷指数评估其运力负荷等级，进而分析城市轨道交通运力薄弱环节，为行业管理、精细化运营管理及运力提升提供定量化决策支持。

运力负荷评估结果可采用评估报告或系统的形式呈现，内容包括城市轨道交通运力负荷评估综合类指标计算结果、特征类指标计算结果、评估等级、指标对比与汇总以及趋势图表等，同时可结合设计能力、实际能力等因素对运力负荷评估结果进行分析。

第6章

应用案例

第6章 应用案例

无论是在工程的规划设计阶段还是在运营生产阶段，城市轨道交通客流分析都是一切以客流为基础的业务开展的基础和前提。本章通过典型案例分析，介绍网络化客流分析方法在工程中的应用实践，包括静态客流分析及指标统计方法、基于客流分析的票务收入分析、复杂交流客流分配方法及应用、线网运力负荷评估方法、客流仿真分析。

6.1 线网静态客流分析应用实践

研究期内，X市共开通运营4条线路，其中包含88座车站（7座换乘站），已进入网络化运营初期。本案例通过线网静态客流分析，掌握线网工作日客流特征，以期为运输组织方案制订工作提供量化支撑。

6.1.1 案例背景

（1）交路方案。

乘客出行决策过程不仅受自身出行目的、收入、年龄等因素的影响，也受到开行交路、发车间隔、票制票价等因素的影响。研究期内，各线路列车均采用简单的单一长交路运行，见表6-1。

X市轨道交通线网交路　　　　　　表6-1

线路	交路形式	交路名称
1号线	长大单一交路	后卫寨—纺织城（下行） 纺织城—后卫寨（上行）
2号线	长大单一交路	北客站—韦曲南（下行） 韦曲南—北客站（上行）
3号线	长大单一交路	鱼化寨—保税区（下行） 保税区—鱼化寨（上行）
4号线	长大单一交路	北客站北广场—航天新城（下行） 航天新城—北客站北广场（上行）

（2）票制票价。

票制票价决定了乘客出行的货币成本，对乘客出行方式的选择存在显著影响。研究期内，该市城轨系统实行计程票制，票价为起步价2元6（含）km，每增加1元，可继续乘坐4km、4km、6km、6km、8km、8km。计费标准如图6-1所示。

图 6-1 计费标准

（3）线网拓扑结构。

根据运营特点，线网 4 条线共 8 个运行交路，连通全网 88 个运营车站。根据本书所述建模方法，将衔接不同线路的节点视为同一物理站点，构建该市线网抽象为拓扑网络，网络共含有 88 个节点（物理站点）和 190 个边（物理区间）。拓扑网络要素见表 6-2。

拓扑网络要素　　　　　　　　　　　　　　　　　　　表 6-2

线网要素	数量（个）	线网要素	数量（个）
物理车站	88	运行交路	8
物理区间	190	换乘车站	7

基于运行交路的线网拓扑结构见表 6-3。该表本质上是站点邻接关系的表征，包括各区间起终点站、所属交路，以及长度、运行时间等信息。

基于运行交路的路网拓扑模型　　　　　　　　　　　　表 6-3

区间起点	区间终点	线路号	线路名	交路号	交路方向	位置	起点编号	终点编号	区间长度（km）	运行时间（min）
A 站	B 站	1	1 号线	1	上行	1	168	176	3.51	5.85
B 站	C 站	1	1 号线	1	上行	2	176	177	1.62	2.70
C 站	D 站	1	1 号线	1	上行	3	177	178	1.23	2.05
D 站	E 站	1	1 号线	1	下行	4	178	179	1.05	1.76
…	…	…	…	…	…	…	…	…	…	…

6.1.2　SP 调查及模型标定

出行路径效用函数等参数的标定采用基于 SP 调查的分析方法。问卷设计步骤包括：识别备选方案、确定备选方案属性及其水平、情景组合设计、调查问卷设计、预调查、问卷修订、调查实施等步骤。在 SP 调查设计前还进行了 RP 调查，用以总结居民出行现状特征，确保 SP 调查问卷中备选方案及其属性和水平的设计合理。

第6章 应用案例

（1）SP调查。

个体的选择偏好受备选方案特征属性及个体社会经济属性共同影响，本例中备选方案属性的设计以RP调查结论为主要参考，只考虑全程耗时和换乘次数两个因素。同时，为简化调查问卷以提高应答质量，备选方案属性均采用3个水平（表6-4）。

备选方案属性及其特征值设置　　　　　　　　　　　表6-4

特征属性	水平			特征值		
	水平1	水平2	水平3	水平1	水平2	水平3
全程耗时（min）	<20	(20,40]	>40	15	30	45
换乘次数（次）	0	1	2	0	1	2

为合理简化调查问卷，SP调查的情景组合采用正交试验设计法确定。需要强调的是，通过正交实验设计得到的情景组合可能存在3类组合方案。即：①与现实出行情景基本吻合的组合方案；②不符合逻辑的组合方案。例如，在城市轨道交通相关问题中，换乘2次但全程耗时仅15min的情景组合可能与实际情况不符；③某一备选方案的所有属性均优于其比选方案的情景组合，这类组合的选择结果显而易见。本书将第一类情景组合方案完全纳入调查方案，而不考虑第二类情景组合。同时，保留了1个第三类情景组合用于检验受访者应答质量。根据以上处理方法和原则，SP调查最后保留6个情景。

调查问卷包括三部分。第一部分调查受访者最近一次出行的目的、出行耗时、日常乘坐轨道交通出行的频率等；第二部分为各备选方案情景组合调查，考察特定假设情境组合下路径选择结果（图6-2）；第三部分为受访者年龄、性别、收入等社会经济属性的调查。

假定本市开通了一条新的轨道交通线路，若您在某次出行中可通过该路线到达目的地，请根据自己的偏好，选择以下出行情景中最适合您的出行路径。

情景	路径	换乘次数（次）	旅行时间（min）	我会选择（√）
1	1	2	25	
	2	0	35	
2	1	1	25	
	2	0	45	
3	1	1	45	
	2	2	25	
4	1	0	25	
	2	1	25	

注：全程耗时为候车时间、换乘时间、乘车时间等的总和。

图6-2　调查问卷情景组合示例

133

（2）调查结果。

SP调查采用线上组织形式，经答卷地点、答卷耗时，以及前述第（3）类情景组合答案的检查，共筛选有效问卷968份，得到5808个标定样本。地铁出行路径选择问卷结果见表6-5。

地铁出行路径选择问卷结果　　　　　　　　　　　表6-5

序号	路径 A			路径 B		
	全程耗时（min）	换乘次数	选择比例	全程耗时（min）	换乘次数	选择比例
1	15	1次	86.9%	30	1次	13.0%
2	30	0次	91.5%	45	1次	8.4%
3	30	2次	18.4%	30	0次	81.5%
4	45	0次	46.1%	30	2次	53.8%

（3）模型标定。

根据研究的假设，本研究中出行路径的效用函数公式如下：

$$U = x_{\text{travel}} \cdot \alpha + x_{\text{trans}} \cdot \beta \tag{6-1}$$

式中：x_{travel}，x_{trans}——全程耗时和换乘次数变量；

α，β——待标定系数。

采用NLOGIT标定得到上述模型参数，见表6-6。模型中所有参数的Wald检验值绝对值均大于1.96，而p-value均小于0.05，表明所有参数在95%置信水平下统计显著。从标定结果也可以看出，全程耗时和换乘次数的参数值均为负值，表明全程时耗越大，换乘次数越多，乘客越不倾向选择该路径。此外，换乘次数系数值为全程耗时系数值8.27倍（−1.3606/−0.1644 = 8.27），表明乘客对换乘次数的敏感程度要高于全程耗时，一次换乘对乘客带来的负效用相当于出行耗时增加8.27min。

标定结果　　　　　　　　　　　　　表6-6

属性	参数值	Wald检验值	p-value
全程耗时	−0.1644	0.0149	−11.0650
换乘次数	−1.3606	0.1457	−9.3360

6.1.3　有效路径

本案例中，有效路径的搜索采用广义费用表征路径出行成本，重点考虑了路径换乘次数和旅行时间两个因素对路径选择结果的影响，即效用函数由换乘次数和旅行时间两部分组成。通过设计和实施 SP 调查，标定得到二者系数分别为 −1.4771 和 −0.1737。根据线网结构特点，最大换乘次数取 4。相对约束参数和绝对约束参数分别取 6 和 0.2，即站对之间广义出行费用较最短路径大 6 个单位或者 120% 以内的路径都可被视为有效路径。有效路径搜索参数见表 6-7。

有效路径搜索参数 表 6-7

参数	取值	参数	取值
相对约束参数	0.2	换乘次数权重	−1.4771
绝对约束参数	6	旅行时间权重	−0.1737
最大换乘次数	4	—	—

以 C#编制有效路径的搜索程序，确定了不同参数配置情况下，路径搜索的数目。程序提供了搜索所需参数的配置界面，能够快速实现不同参数组的配置，可在 1s 以内完成对案例全网所有车站的站间有效路径搜索，如图 6-3 所示。

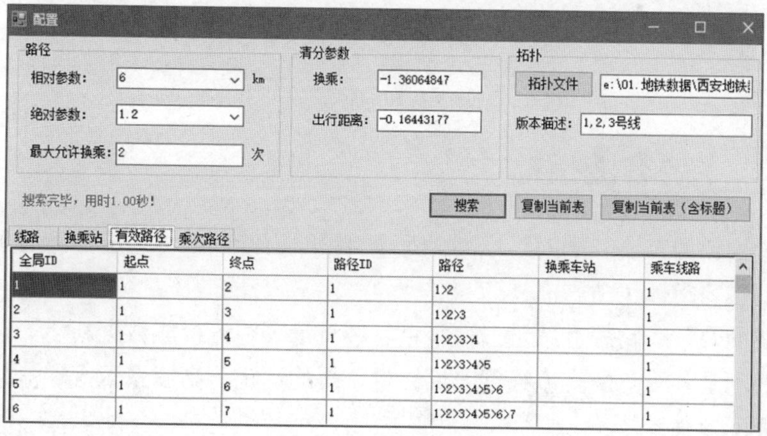

图 6-3 有效路径搜索

共搜索出有效路径 10373 条，最短路径 7656 条。OD 间有效路径至少为 1 条，最多为 6 条，72.23% 的 OD 仅有 1 条有效路径的 OD，27.77% 的 OD 有多条有效路径，反映出该线网目前可达性相对较弱，如图 6-4 所示。

从换乘数据的统计也可以看出，该线网站间可达性处于较弱水平，一次可达的路径占比仅为 21.4%，换乘 1 次以内可达的有效路径数量仅占全部路径的 62.5%，如图 6-5 所示。

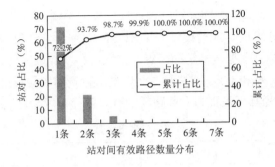

图 6-4　站对间有效路径数量分布

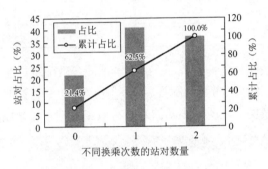

图 6-5　不同换乘次数的站对数量、占比分布

6.1.4　主要客流指标

通过构建的客流分配网络模型，对全日及早、晚高峰的客流进行分配，分配可得出的主要指标包括：

①线网及各线路的进站量、换乘量、客流量等客流构成数据；
②线网及各线路的客流强度、周转量、平均运距、高峰系数等客流指标；
③线网换乘系数；
④各线路车站全日及早晚高峰乘降量；
⑤各线路区间全日及早晚高峰的断面客流量；
⑥各换乘站内分方向的换乘流量。

（1）线网指标。

静态客流分析表明，全网工作日客运量达到 300 万人次/日，进站量突破 200 万人次/日，线网换乘系数约为 1.49。2 号线贯穿城市南北主轴，串联了城市核心景点、大型居住区、典型商业区、交通枢纽等主要客流集散点，日客流量突破 100

万人次，客流强度远高于其他线路。

早高峰期间（7:30～8:30），线网客运量达到 39.11 万人次，全网高峰客流约占日客流量的 12.9%，线网换乘系数与全日相近。由于 1、2 号线沿线商业、旅游景点密集，客流在全日分布相对均衡，其高峰小时系数较 3、4 号线略低。线网高峰期间客流呈现出较高的方向不均衡性，其中三号线的客流方向不均衡性最大。高峰断面流量方面，全网最大断面出现在 2 号线下行方向，达到 3.44 万人次/h。其余各线断面流量均维持在相对较高水平。线网主要客流指标见表 6-8。

线网主要客流指标　　　　表 6-8

	客流指标	1 号线	2 号线	3 号线	4 号线	线网
全日	客流量（万人次）	71.27	105.52	75.89	49.47	302.15
	进站量（万人次）	41.92	77.22	51.67	32.02	202.83
	换乘量（万人次）	29.35	28.30	24.22	17.45	99.32
	换乘系数	—	—	—	—	1.49
	线路长度（km）	24.79	26.14	38.02	34.47	123.42
	客流强度（万人次/km）	2.87	4.04	2.00	1.44	—
	周转量（万人公里）	478.87	808.59	541.54	372.30	2201.31
	平均运距（km）	6.72	7.66	7.14	7.53	10.85
早高峰	时段	7:30～8:30	7:30～8:30	7:30～8:30	7:30～8:30	7:30～8:30
	客流量（万人次）	8.58	12.78	10.93	6.83	39.11
	高峰系数	12.0%	12.1%	14.4%	13.8%	12.9%
	进站量（万人次）	5.19	9.03	7.54	4.46	26.23
	换乘量（万人次）	3.39	3.74	3.38	2.37	12.88
	不均衡系数（上行/下行）	0.95	0.82	0.70	0.92	—
	下行最大断面（万人次/h）	2.48	3.44	3.23	1.69	
	上行最大断面（万人次/h）	2.10	3.39	2.05	1.42	
	周转量（万人公里）	57.57	95.79	78.69	51.70	283.75
	平均运距（km）	6.71	7.50	7.20	7.57	10.82
	上行最大断面区间	洒金桥—北大街	小寨—体育场	吉祥村—小寨	和平门—大差市	
	下行最大断面区间	通化门—康复路	北大街—钟楼	小寨—吉祥村	五路口—大差市	
	换乘系数	—	—	—	—	1.49

续上表

	客流指标	1号线	2号线	3号线	4号线	线网
晚高峰	时段	17:30~18:30	17:30~18:30	17:30~18:30	17:30~18:30	17:30~18:30
	客流量（万人次）	7.29	10.90	9.28	5.78	33.25
	高峰系数	10.2%	10.3%	12.2%	11.7%	11.0%
	进站量（万人次）	4.15	7.95	6.34	3.86	22.30
	换乘量（万人次）	3.14	2.95	2.94	1.91	10.95
	不均衡系数（上行/下行）	1.06	1.24	0.70	1.07	—
	下行最大断面（万人次/h）	1.78	2.92	1.74	1.18	—
	上行最大断面（万人次/h）	2.11	2.91	2.75	1.45	—
	周转量（万人公里）	48.92	81.86	66.86	43.40	241.03
	平均运距（km）	6.71	7.51	7.20	7.51	10.81
	上行最大断面区间	康复路—通化门	钟楼—北大街	吉祥村—小寨	大差市—五路口	—
	下行最大断面区间	北大街—洒金桥	体育场—小寨	小寨—吉祥村	大差市—和平门	—
	换乘系数	—	—	—	—	1.49

（2）乘降量。

乘降量表示乘客在该站上下车的数量，其中上车量包括车站进站客流量及换入本站客流量，下车则为本站出站客流量和换出客流量之和。如图 6-6 所示为 1 号线全日乘降量分布，从图中可以看出，该线各车站全天进、出站量相近。换乘站由于换乘客流较高，其乘降量远高于其他车站，日乘降量为常规车站乘降量的 4～5 倍。

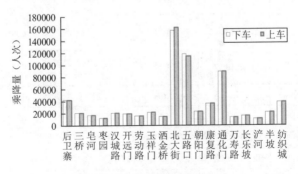

图 6-6 1号线乘降量（全日）

由于车站周边用地服务于居住、就业的差异较大，高峰期间车站进出站量，以及不同车站之间的进、出站量都存在显著差异。对于服务于居住或居住类用地为主的非换乘车站，其高峰进站往往高于出站量，上车量则高于下车量；而服务于就业类用地的车站，其高峰出站量则常高于进站量。如图 6-7 所示为本案例中 1 号线高峰期间乘降量分布示意图，从图中可以看出，该线两端以进站上车乘客为主，而线路中部几个车站为线路主要客流吸引点。部分乘客通过换乘站北大街和五路口站换出本线。

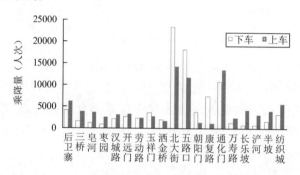

图 6-7 1 号线乘降量（高峰）

（3）断面客流量。

断面客流量指在统计期内通过城市轨道交通线路某一区间的总客流量，是反映一条线路运力需求的最直观指标。全日线路双向客流相对均衡，全日断面客流一般呈对称形式。由于断面客流是沿线客流逐步累积的结果，大部分线路的全日断面呈中间大、两端小的形态，如本例中的 1 号线全日断面客流量（图 6-8）。因沿线用地性质、用地开发强度、线网结构等的差异性，也有线路的全日单向断面流量呈现出一定的不规则性，如本例中的 3 号线日断面客流量（图 6-9）。

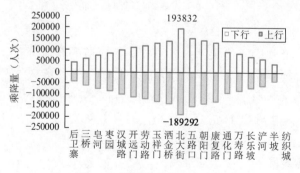

图 6-8 1 号线断面客流量（全日）

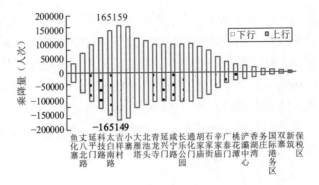

图6-9　3号线断面客流量（全日）

在客流指标体系中，早高峰断面是与运营组织关系最为密切的指标之一，其直接决定了行车组织方案的制订。图6-10为1号线高峰期间断面客流量分布图。该图反映出双方向最大断面出现在换乘站前或后（北大街站和通化门站）。该线最大断面约为2.48万人次/h，出现在下行方向"通化门—康复路"区间。

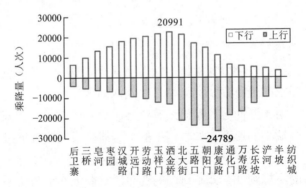

图6-10　1号线高峰断面客流分布

（4）换乘客流量。

换乘客流量反映的是换乘站内各方向、各通道的客流分布。以案例北大街站为例，该站日换乘量约为27.44万人次。其中1号线换入2号线13.48万人次/日，2号线换入1号线13.96万人次/日；高峰换乘流量约为2.94万人次/h。其中，1号线换入2号线1.77万人次/h，2号线换入1号线1.17万人次/h，如图6-11所示。

（5）线网换乘量。

根据客流分析，该网络换乘量达到近100万人次/日，换乘系数达到1.49；高峰期间，换乘量达到 12.88 万人次/h，见表 6-9。

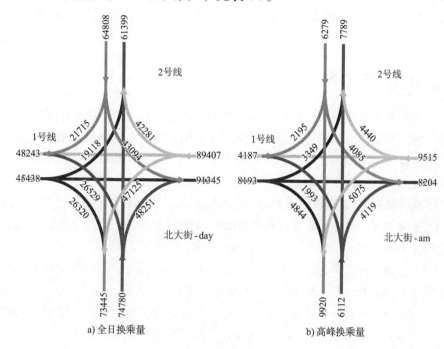

图 6-11 换乘车站分方向客流量

线网换乘量　　　　　　　　　　表 6-9

指标	全日（人次/日）	高峰（人次/h）
进站量	202.83	26.23
换乘量	99.32	12.88
客运量	302.15	39.11
换乘系数	1.49	1.49

6.2　网络化运营票务收入分析应用实践

票务收入分析是指基于客流分析模型及特定的票务清分、票制票价规则，计算网络、分线票款收入的过程。进入网络化运营阶段后，受网络客流分布复杂性的影响，票务收入的核算也更加复杂。特别是在多运营主体共存的网络化运营模式下，精准的票务收入分析将有助于精细化的运营组织和运营绩效评估，引导和促进系统的可持续发展。本部分针对票务清分问题在客流静态分析的基础上，采用多路径概率选择方法构造了城市轨道交通网络运费清分模型。

6.2.1 案例背景

某市城市轨道交通线网经过多年发展后，逐步形成由三条线路组成的"十字加环"的线网结构。为做好网络化运营需求下的票价体系及票价政策相关工作，制定科学合理的票制票价方案，需结合未来年线网客流预测结论，开展票务收入测算有关的研究，以支持票制票价方案制订的论证工作。

按照前期论证，该市轨道交通运营公司拟定了三种票制票价方案（图6-12），即：

（1）方案1：起步价2元可乘坐6km，6km以上部分，票价每增加1元的晋级里程为4km、4km、7km、7km、10km，不设置封顶票价。

（2）方案2：起步价2元可乘坐4km，4km以上部分，票价每增加1元的晋级里程为4km、4km、6km、6km、8km，不设置封顶票价。

（3）方案3：起步价2元可乘坐5km，5km以上部分，票价每增加1元的晋级里程为4km、4km、7km、7km、10km，不设置封顶票价。

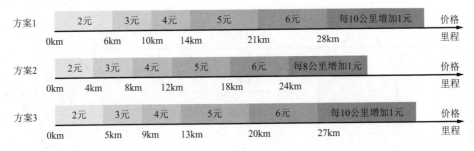

图6-12 票制票价方案

6.2.2 技术路线

明确的客流需求、票制票价方案、票务清分规则，是进行票务分析的前提。票务清分可以理解为，在网络中任意OD站点间客流量和票款计费方式已知的情况下，将OD按照一定原则合理地分配到OD对之间的各条有效路径上，得到不同路径的分担比例，并进一步计算各OD之间有关线路的票务收入清分比例及分配额。

本案例中，为测算特定票制票价方案下的票务收入，需要明确客流需求及清分规则。其中，客流需求为客流预测模型预测得到的线网 OD，票务清分采用静态客流分析方法中的多路径客流分配法，各乘次对应线路的票务分配额按照其承运距离在有效路径中的占比确定。由于各票价方案相差不大，为简化分析，不考虑票价差异性对客流出行总需求的影响。

票务分析的主要技术要点包括：

（1）搭建路网模型。

基于线网供给、运输服务、客流需求三层次模型，搭建线网拓扑网络。网络包含分析期内所有运营车站、交路等信息。

（2）站间有效路径搜索。

为开展多路径客流分配及票务分析，需要基于路网拓扑模型进行全网各站对间的有效路径搜索。本案例采用广度优先搜索算法进行路径搜索，搜索参数的确定方法与静态客流分析方法一致。

为方便客流分配及票务分析，搜索算法输出两类路径表，即"有效路径表"和"乘次路径表"，见表 6-10 和表 6-11。其中，有效路径表给出了每一个 OD 对之间的可行的路径集合，而乘次路径表以此为基础给出了各有效路径各乘次的路径。例如，表 6-10 中车站 1 至车站 20 共有 2 条有效路径，分别需要换乘 1 次和 2 次，分担率该 OD 对 98.2% 和 1.8% 的客流。其中，第一条路径需要在车站 10 换乘 1 次，第 2 条路径需要在车站 11 和车站 23 处分别换乘 1 次（表 6-11）。

（3）线网静态客流分析及统计。

采用本书所述静态客流分析方法进行客流分析。包括确定有效路径出行效用值、有效路径的客流分担比例等。

（4）票务收入方法。

基于静态客流分配结论，统计分析各线路票务收入以及线网票务总收入。

票务收入分析技术路线如图 6-13 所示。

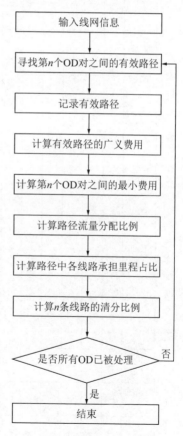

图 6-13 票务收入分析技术路线

表 6-10 有效路径示意

起点	终点	路径编号	路径	换乘车站	乘车交路	换乘次数	乘车时间(min)	效用值	清分比例(%)
1	2	1	1>2		1	0	2.01	-0.3305	100.0
1	3	1	1>2>3		1	0	4.08	-0.6709	100.0
1	4	1	1>2>3>4		1	0	5.12	-0.8419	100.0
1	5	1	1>2>3>4>5		1	0	6.38	-1.0491	100.0
1	6	1	1>2>3>4>5>6		1	0	8.23	-1.3533	100.0
1	7	1	1>2>3>4>5>6>7		1	0	9.81	-1.6131	100.0
1	8	1	1>2>3>4>5>6>7>8		1	0	10.81	-1.7775	100.0
1	9	1	1>2>3>4>5>6>7>8>9		1	0	12.02	-1.9765	100.0
1	10	1	1>2>3>4>5>6>7>8>9>10		1	0	13.24	-2.1771	100.0
1	11	1	1>2>3>4>5>6>7>8>9>10>11		1	0	14.68	-2.4139	100.0
1	12	1	1>2>3>4>5>6>7>8>9>10>11>12		1	0	15.71	-2.5832	100.0
1	13	1	1>2>3>4>5>6>7>8>9>10>11>12>13		1	0	16.63	-2.7345	100.0
1	14	1	1>2>3>4>5>6>7>8>9>10>11>12>13>14		1	0	17.59	-2.8924	100.0
1	15	1	1>2>3>4>5>6>7>8>9>10>11>12>13>14>15		1	0	19.26	-3.167	100.0
1	16	1	1>2>3>4>5>6>7>8>9>10>11>12>13>14>15>16		1	0	20.88	-3.4333	100.0
1	17	1	1>2>3>4>5>6>7>8>9>10>11>12>13>14>15>16>17		1	0	22.25	-3.6586	100.0
1	18	1	1>2>3>4>5>6>7>8>9>10>11>12>13>14>15>16>17>18		1	0	23.36	-3.8411	100.0
1	19	1	1>2>3>4>5>6>7>8>9>10>11>12>13>14>15>16>17>18>19		1	0	24.79	-4.0763	100.0

续上表

起点	终点	路径编号	路径	换乘车站	乘车交路	换乘次数	乘车时间(min)	效用值	清分比例(%)
1	20	1	1>2>3>4>5>6>7>8>9>10>28>27>26>25>24>23>22>21>20	10	1>2	1	25.12	-7.4912	71.5
1	20	2	1>2>3>4>5>6>7>8>9>10>11>75>74>73>72>71>70>69>68>23>67>66>65>64>20	11	1>4	1	31.37	-8.5189	25.6
1	20	3	1>2>3>4>5>6>7>8>9>10>28>27>26>25>24>23>67>66>65>64>20	10>23	1>2>4	2	27.52	-11.2465	1.7
1	20	4	1>2>3>4>5>6>7>8>9>10>11>75>74>73>72>71>70>69>68>23>22>21>20	11>23	1>4>2	2	28.97	-11.4849	1.3
1	21	1	1>2>3>4>5>6>7>8>9>10>28>27>26>25>24>23>22>21	10	1>2	1	23.51	-7.2264	98.2
1	21	2	1>2>3>4>5>6>7>8>9>10>11>75>74>73>72>71>70>69>68>23>22>21	11>23	1>4>2	2	27.36	-11.2202	1.8

表6-11 乘次路径表示意

路径起点	路径终点	乘次	清分比例(%)	上车站	下车站	乘次路径	乘次线路	乘次方向	乘车时间(min)
1	11	1	100.0	1	11	1>2>3>4>5>6>7>8>9>10>11	1	上行	14.68
1	12	1	100.0	1	12	1>2>3>4>5>6>7>8>9>10>11>12	1	上行	15.71
1	13	1	100.0	1	13	1>2>3>4>5>6>7>8>9>10>11>12>13	1	上行	16.63
1	14	1	100.0	1	14	1>2>3>4>5>6>7>8>9>10>11>12>13>14	1	上行	17.59
1	15	1	100.0	1	15	1>2>3>4>5>6>7>8>9>10>11>12>13>14>15	1	上行	19.26
1	16	1	100.0	1	16	1>2>3>4>5>6>7>8>9>10>11>12>13>14>15>16	1	上行	20.88

续上表

路径起点	路径终点	路径编号	乘次	清分比例（%）	上车站	下车站	乘次路径	乘次线路	乘次方向	乘车时间（min）
1	17	1	1	100.0	1	17	1＞2＞3＞4＞5＞6＞7＞8＞9＞10＞11＞12＞13＞14＞15＞16＞17	1	上行	22.25
1	18	1	1	100.0	1	18	1＞2＞3＞4＞5＞6＞7＞8＞9＞10＞11＞12＞13＞14＞15＞16＞17＞18	1	上行	23.36
1	19	1	1	100.0	1	19	1＞2＞3＞4＞5＞6＞7＞8＞9＞10＞11＞12＞13＞14＞15＞16＞17＞18＞19	1	上行	24.79
1	20	1	1	71.5	1	10	1＞2＞3＞4＞5＞6＞7＞8＞9＞10	1	上行	13.24
1	20	1	2	71.5	10	20	10＞28＞27＞26＞25＞24＞23＞22＞21＞20	2	上行	11.88
1	20	2	1	25.6	1	11	1＞2＞3＞4＞5＞6＞7＞8＞9＞10＞11	1	上行	14.68
1	20	2	2	25.6	11	20	11＞75＞74＞73＞72＞71＞70＞69＞68＞23＞67＞66＞65＞64＞20	4	上行	16.69
1	20	3	1	1.7	1	10	1＞2＞3＞4＞5＞6＞7＞8＞9＞10	1	上行	13.24
1	20	3	2	1.7	10	23	10＞28＞27＞26＞25＞24＞23	2	上行	7.9
1	20	3	3	1.7	23	20	23＞67＞66＞65＞64＞20	4	上行	6.38
1	20	4	1	1.3	1	11	1＞2＞3＞4＞5＞6＞7＞8＞9＞10＞11	1	上行	14.68
1	20	4	2	1.3	11	23	11＞75＞74＞73＞72＞71＞70＞69＞68＞23	4	上行	10.31
1	20	4	3	1.3	23	20	23＞22＞21＞20	2	上行	3.98
1	21	1	1	98.2	1	10	1＞2＞3＞4＞5＞6＞7＞8＞9＞10	1	上行	13.24
1	21	1	2	98.2	10	21	10＞28＞27＞26＞25＞24＞23＞22＞21	2	上行	10.27
1	21	2	1	1.8	1	11	1＞2＞3＞4＞5＞6＞7＞8＞9＞10＞11	1	上行	14.68
1	21	2	2	1.8	11	23	11＞75＞74＞73＞72＞71＞70＞69＞68＞23	4	上行	10.31
1	21	2	3	1.8	23	21	23＞22＞21	2	上行	2.37

(5)票务清分模型。

假定在城市轨道交通网络中共有 N 个 OD 对,第 i 个 OD 对间总的出行需求和票价分别为 f_i 和 c_i,则此 OD 之间的客流需求产生的票价收入 R_i 为:

$$R_i = f_i \cdot c_i \tag{6-2}$$

则线网总的票务收入为:

$$R = \sum_{i=1}^{N} R_i = \sum_{i=1}^{N} f_i \cdot c_i \tag{6-3}$$

假定第 i 个 OD 对之间存在 H_i 条有效路径供乘客选择,其中第 j 条路径的被选择概率为 p_{ij}。若第 i 条路径途经多条线路,且第 k 线路占有效路径里程比例分别为 p_{ijk}',则第 k 线路在第 i 个 OD 间清分的票款收入为:

$$R_{ik} = f_i \cdot c_i \cdot p_{ij} \cdot p_{ijk}' \tag{6-4}$$

第 k 线路应得到的清分总收入为:

$$R_k = \sum_{i \in N} \sum_{j \in H_i} f_i \cdot c_i \cdot p_{ij} \cdot p_{ijk}' \tag{6-5}$$

6.2.3 票务收入分析

(1)静态客流分析。

本例中,线网静态客流指标分析见表 6-12。分析期内,全网工作日客运量达到 133.37 万人次/日,进站量约 92.37 万人次/日。其中 1、2、3 号线的工作日客运量分别约为 50.15 万人次、38.35 万人次、44.87 万人次,线网客流强度约为 1.46 万人次/km,平均运距约为 9.55km,全网换乘系数达到 1.44 左右。

线网客流指标汇总　　　　表 6-12

	指标	1 号线	2 号线	3 号线	线网
全日	客运量(万人次/日)	50.15	38.35	44.87	133.37
	进站量(万人次/日)	38.52	24.76	29.09	92.37
	换乘量(万人次/日)	11.63	13.59	15.78	40.99
	线路长度(km)	25.78	28.13	37.71	91.62
	平均运距(km)	7.07	6.32	6.35	9.55
	客流强度(万人次/km)	1.95	1.36	1.19	1.46
	不均衡系数	1.01	1.01	1.03	—
	最大断面(万人次/日)	12.34	9.19	5.80	—
	周转量(万人公里)	354.70	242.35	284.94	881.99

续上表

指标		1号线	2号线	3号线	线网
早高峰	时段	7:00~8:00	7:00~8:00	7:00~8:00	7:00~8:00
	客运量（万人次/h）	7.36	5.49	6.89	19.74
	进站量（万人次/h）	5.49	3.25	4.99	13.72
	换乘量（万人次/h）	1.87	2.24	1.91	6.02
	高峰系数	14.67%	14.31%	15.36%	14.80%
	平均运距（km）	6.98	6.14	6.70	9.56
	不均衡系数	1.06	0.83	1.07	—
	最大断面（万人次/h）	2.20	1.56	0.98	—
	周转量（万人公里）	51.31	33.68	46.20	131.19

（2）票务收入分析。

基于方案一的运营日票价收入约为331.57万元。其中，出行距离在6km以内票价为2元的乘客占比最高，约占线网出行总量的34%，出行票价5元以内的乘客占比约为95%（图6-14及表6-13）。

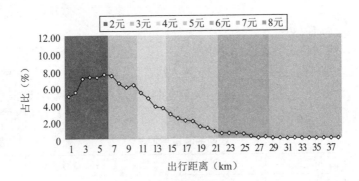

图6-14 票价-乘距分布图（方案一）

票价区间收入表　　　　　　　　　　　　表6-13

票价（元）	出行距离（km）	出行量（人次）	票务收入（元）	出行量占比（%）
2	0	336621	673242	33.78
3	6	264807	794422	26.58
4	10	187899	751596	18.86
5	14	154743	773713	15.53
6	21	44112	264671	4.43

续上表

票价（元）	出行距离（km）	出行量（人次）	票务收入（元）	出行量占比（%）
7	28	7541	52787	0.76
8	38	601	4811	0.06
9	48	50	448	0.01
10	58	4	43	0
合计	—	996378	3315733	100.00

由于方案二的起步价较方案一略低（起步价 2 元可乘坐 4km），基于该方案的运营日票价收入较方案一较高，达到 372.53 万元。其中，票价为 3 元的乘客占比最高，约占出行量的 29%，出行票价 5 元以内的乘客占比约为 90%，如图 6-15 和表 6-14 所示。

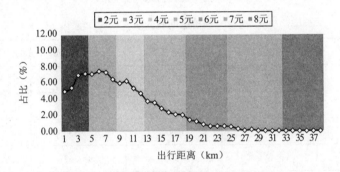

图 6-15 票价-乘距分布图（方案二）

票价区间收入表　　　　　　　　　　　表 6-14

票价（元）	出行距离（km）	出行量（人次）	票务收入（元）	出行量占比（%）
2	0	194446	388891	19.52
3	4	287870	863610	28.89
4	8	231191	924762	23.20
5	12	179330	896652	18.00
6	18	76531	459183	7.68
7	24	24418	170924	2.45
8	32	2168	17342	0.22
9	40	372	3345	0.04
10	48	46	463	0
11	56	8	85	0
合计	—	996378	3725258	100.00

方案三的起步价介于方案一和方案二之间,基于该方案的运营日票务收入约为349.53万元。其中,出行花费3元的乘客占比最高,约占客运量的28%,出行票价5元以内的乘客占比约为93%,如图6-16和表6-15所示。

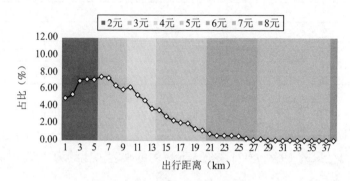

图6-16 票价-乘距分布图(方案三)

票价区间收入表　　　　　　　　　　　　　　　　表6-15

票价(元)	出行距离(km)	出行量(人次)	票务收入(元)	出行量占比(%)
2	0	265649	531298	26.66
3	5	279526	838579	28.05
4	9	208588	834350	20.93
5	13	175471	877357	17.61
6	20	57125	342750	5.73
7	27	9243	64703	0.93
8	37	707	5656	0.07
9	47	63	564	0.01
10	57	6	61	0
合计	—	996378	3495319	100.00

从三个方案的票务统计指标可以看出,当前该市轨道交通出行距离较短,三个方案与研究期内客流出行距离的适配性相对较弱。但考虑到线网规模短期内将持续扩展,而票制票价在一定时期内需要保持相对的稳定性,制订适度超前的票制票价方案具有一定的必要性。

基于三种方案的分线路票务收入见表 6-16。从票务收入来看，由于 1 号线客流量较高，各方案中均呈现出 1 号线收入最高，3 号线其次，2 号线票务收入最低的特征。从单位客运量收入来看，方案二的票务收入略高于其他两个方案，而各方案下 1 号线的单位客运量收入高于其他两条线路。

分方案线路客流及票务指标　　　　　表 6-16

线路		1 号线	2 号线	3 号线	合计
	客流量（万人次/日）	50.15	38.35	44.87	133.37
	周转量（万人公里）	354.7	242.35	284.94	881.99
方案一	日收入（万元）	130.51	94.45	106.62	331.57
	单位客运量收入（元/人次）	2.60	2.46	2.38	2.49
	单位周转量收入（元/人公里）	0.37	0.39	0.37	0.38
方案二	日收入（万元）	147.41	105.56	119.55	372.53
	单位客运量收入（元/人次）	2.94	2.75	2.66	2.79
	单位周转量收入（元/人公里）	0.42	0.44	0.42	0.42
方案三	日收入（万元）	138.26	99.03	112.24	349.53
	单位客运量收入（元/人次）	2.76	2.58	2.50	2.62
	单位周转量收入（元/人公里）	0.39	0.41	0.39	0.40

6.3　复杂网络运营组织方案客流分析与评估

本节以城市轨道交通网络化客流仿真分析模型为基础，通过设置不同的线网拓扑结构、列车开行计划、出行需求 OD 等搭建不同情境方案，测试不同方案下的线网客流变化趋势、评估客流效果，可为方案比选、方案论证等提供科学、量化的决策支持。

6.3.1　研究背景

截至 2021 年 12 月，北京地铁共运营有 24 条城市轨道交通线路（含 2 条现代有轨电车线路），运营里程达到 768.7km，如图 6-17 所示。

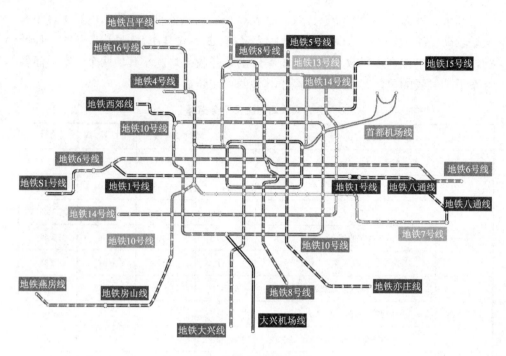

图 6-17 北京地铁线网示意

长期以来，北京地铁线网因断头线路和分期异步开通线路较多，线网换乘系数（换乘客流占比）一直远高于国内其他城市。由此造成乘客出行和换乘的便捷性相对较差、线网大客流换乘车站较多，给运输组织带来不必要的挑战。

近年来，随着城市轨道交通高质量发展要求的提出，北京市已提出包括 1 号线-八通线贯通运营等方案在内的多个既有线网改造提升方案，在提升轨道交通运营效率、缓解线网客流压力等方面发挥了重要作用。由于贯通运营、跨线运营等运营方案的提出，轨道交通线网结构发生调整，在此之前开展线网调整方案对客流的影响评估，对于做好两线路贯通运营的筹备工作具有重要价值。

6.3.2　1 号线与八通线贯通方案

北京地铁 1 号线与八通线已于 2021 年 8 月 29 日实现贯通运营。1 号线和八通线贯通后，四惠、四惠东两站将不再作为换乘车站，首末站分别为苹果园站及花庄站。本部分针对两线贯通与否，考虑线网拓扑结构的变化，分别搭建了两套分析模型，并对两套网络条件下的静态客流指标进行了对比分析。

1）断面客流量变化

1号线、八通线贯通运营后，部分原本由7号线换乘至1号线的乘客，由花庄站换入八通线（换乘次数减少1次，出行便捷性提高）。受此影响，7号线进城方向高峰断面均有小幅下降，而八通线断面客流则有小幅增加。贯通运营后，全网高峰断面客流变化Top-10如图6-18所示。

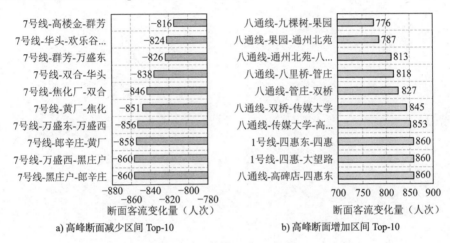

图6-18 贯通后高峰断面客流变化Top-10

2）换乘客流量变化

贯通运营后相关换乘车站客流也有所调整，主要表现在：

（1）因换乘便捷性提高，八通线经花庄站换入7号线的客流有所减少。如，原"八通线＞7号线＞14号线"的客流，在贯通运营后转而选择"新1号线＞14号线"。

（2）双井、九龙山、磁器口车站，换乘总量小幅减少，国贸、大望路站则小幅增加。

高峰期间客流变化较明显的车站、断面如图6-19所示。

贯通运营后，客流经四惠、四惠东站均无需换乘，高峰期间两站换乘客流量共减少约2.5万人次；花庄站换乘客流总体有所减少，7号线换入八通线客流小幅增加（98人次），八通线换乘7号线客流则有所减少（331人次）。

3）线网客流变化

因换乘次数减少，1号线、八通线作为整体的换乘总量和客运量均有显著下

153

降，见表 6-17。全线每日减少换乘量约 17.63 万人次，早高峰客流约有 2.95 万人次因贯通运营避免了不必要的换乘。此外，因线网结构调整，花庄站原乘坐 7 号线的个别客流转乘八通线，贯通后 1 号线和八通线进站总量较基准方案有所增加。

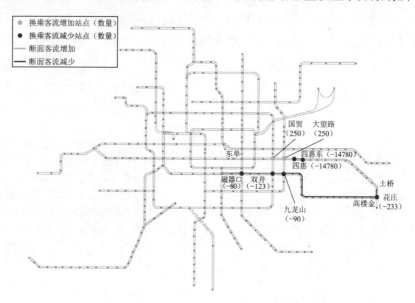

图 6-19　1 号线、八通线贯通运营后高峰断面及换乘客流变化趋势简图

1 号线、八通线线路客流主要指标对比　　表 6-17

方案		线路指标		
		进站量	客运量	换乘量
高峰 （万人次/h）	基准方案	8.81	18.04	9.23
	1 号线、八通线贯通	8.85	15.14	6.28
全日 （万人次/日）	基准方案	58.95	112.60	53.65
	1 号线、八通线贯通	59.09	94.97	35.89

受 1 号线、八通线换乘优化影响，全网换乘系数由基准方案的日均 1.82 下降至 1.79，客运量由基准方案的 1042.96 万人次/日下降至 1025.12 万人次/日。因贯通运营，线网全日换乘量减少约 17.84 万人次，高峰换乘量减少 2.94 万人次（表 6-18）。

1号线、八通线贯通前后线网客流主要指标对比　　　　　表 6-18

方案		线网指标			
		进站量	客运量	换乘量	换乘系数
高峰 （万人次/h）	基准方案	90.52	166.24	75.71	1.84
	1号线、八通线贯通	90.52	163.29	72.77	1.80
全日 （万人次/日）	基准方案	572.57	1042.96	470.39	1.82
	1号线、八通线贯通	572.57	1025.12	452.55	1.79

注：1. 基准方案是指在 2021 年 8 月路网基础上，考虑苹果园站、大红门站开通并实现换乘的情形，下同。
　　2. 客运量 = 进站量（进站刷卡量）+ 换入量。

综上，1 号线和八通线贯通可以有效减少二者之间不必要的换乘，线路间出行效率显著提升；该贯通方案下，除 7 号线、八通线、1 号线的部分断面以及局部个别换乘站换乘客流小幅调整外，全网客流总体运行平稳；因换乘量减少，全网换乘系数有小幅下降。

6.3.3　8 号线南北贯通

2021 年 12 月 31 日，北京地铁 8 号线三期开通运营，至此北京地铁 8 号线全线正式贯通运营。8 号线三期是城市南中轴线上的交通动脉，对支撑并引导城市空间沿中轴线向南扩展，引导南苑边缘集团的改造具有重要意义。同时，该线也是线网中南北向骨干线路，与一期、二期工程共同构建贯穿中心城的轨道交通走廊，对于提高王府井、前门等大型商业中心轨道交通的服务水平，加强南中轴轨道交通服务水平，缓解南城地段交通压力作用明显。8 号线全线贯通彻底改变了既有线网结构，也打破了既有的客流分布格局，客流时空分布特征将产生较大变化。

本节讨论 8 号线全线贯通运营对线网客流的影响。8 号线南北贯通后，中国美术馆—金鱼胡同—王府井—前门—珠市口各区间均开通运营。贯通运营方案如图 6-20 所示。

1）断面客流量变化

8 号线南北贯通后在王府井站与 1 号线换乘，在前门站与 10 号线换乘，线网换乘便捷性和可达性得到显著提升。贯通

图 6-20　贯通方案示意图

后高峰期断面客流变化较大的区间如图 6-21 所示。由于线网格局的改变，8 号线吸引了与其平行的 4 号线、5 号线、10 号线的若干断面的客流。其中，4 号线"菜市口—宣武门"高峰期间的断面客流量将下降 2500 人次/h；5 号线"磁器口—崇文门"、10 号线"双井—国贸"区间断面客流量下降也均超过 2200 人次/h。此外，8 号线南北贯通运营后，新开通运营各区间断面客流量将显著增加（新开通区间，断面客流基准值视为 0），高峰期间"南锣鼓巷—中国美术馆"区间的断面客流量增加近 9000 人次/h。

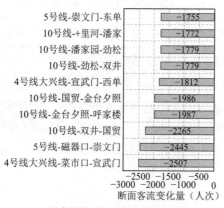
a) 早高峰断面客流减少区间 Top-10

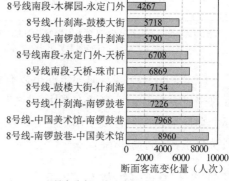
b) 早高峰断面客流增加区间 Top-10

图 6-21 贯通后早高峰断面客流变化

2）换乘客流量变化

该方案条件下，高峰换乘客流变化具有以下特点：

（1）8 号线南北贯通后，新增两个换乘站点，分别是前门站与 2 号线换乘、王府井站与 1 号线换乘，8 号线与前往 1 号线的部分车站由 2 次换乘可达变为 1 次换乘可达。

（2）由于南北贯通，基准情况下需要在 8 号线鼓楼大街、北土城、磁器口等换乘站换乘的穿城客流将无需换乘，因此上述车站换乘客流降低显著。鼓楼大街站换乘客流因此下降 3336 人次/h；与此相反，因出行便捷性提高，珠市口、奥林匹克公园、朱辛庄等车站的换乘量都有显著增加。其中自珠市口站换乘的客流量增加 2829 人次/h。

高峰期间客流变化较大的车站、断面如图 6-22、图 6-23 所示。从图中可以看出，受 8 号线南北贯通运营影响，与 8 号线平行的区间客流将有所下降。特别是与新开通区间邻近的平行区间，断面客流下降更为明显。

a) 早高峰换乘客流减少 Top-10

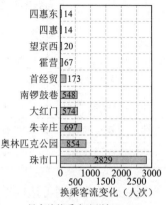
b) 早高峰换乘客流增加 Top-10

图 6-22　早高峰换乘客流变化 Top-10

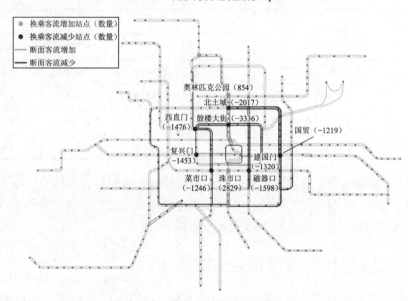

图 6-23　高峰断面及换乘客流变化示意图

3）主要客流指标变化

全线贯通运营后，8 号线新增站点 4 个（含两个新换乘车站王府井站和前门站），因此 8 号线客运量有所增加。全线贯通运营后，8 号线日客运量由基准方案的 47.13 万人次/日增加至 54.52 万人次/日，高峰期间客运量则由 7.81 万人次/日增加至 8.72 万人次/日，见表 6-19。

157

8号线客流主要指标对比　　　　　　　　　　　表6-19

方案		线路指标		
		进站量	客运量	换乘量
高峰 （万人次/h）	基准方案	5.16	7.81	2.64
	8号线全线贯通	5.53	8.72	3.19
全日 （万人次/日）	基准方案	25.33	47.13	21.81
	8号线全线贯通	28.13	54.52	26.38

8号线全线贯通后，因线网可达性提升，全网换乘系数较基准方案有所下降，高峰期减少换乘客流约1.26万人次，全天减少换乘客流约9.44万人次，见表6-20。

线网客流主要指标对比　　　　　　　　　　　表6-20

方案		指标			
		进站量	客运量	换乘量	换乘系数
高峰 （万人次/h）	基准方案	90.52	166.24	75.71	1.84
	8号线南北段贯通	90.52	164.98	74.45	1.82
全日 （万人次/日）	基准方案	572.57	1042.96	470.39	1.82
	8号线南北段贯通	572.57	1033.52	460.95	1.81

综上，8号线南北段贯通，对8号线客流提升效果明显；相应的，与8号线平行的2号线、4号线、5号线、10号线部分断面客流有所下降，全网客流总体平稳运行，因换乘量下降，全网换乘系数小幅下降。

6.3.4　14号线东西段贯通方案

2021年12月31日，北京地铁14号线全线贯通运营。该线东段、西段于2014年12月和2013年5月先后开通，并长期独立运营。14号线全线的贯通彻底改变了既有线网结构，也打破了既有的客流分布格局，线网客流时空分布特征将产生较大变化。

本节讨论上述14号线全线贯通运营对线网客流的影响。14号线东西贯通后，西局—东管头—丽泽商务区—菜户营—西铁营—景风门—北京南站各区间亦开通运营。贯通运营方案如图6-24所示。

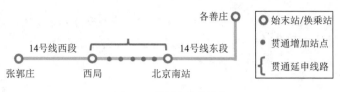

图 6-24 贯通方案示意图

(1) 断面客流量变化。

贯通后高峰期断面客流变化较大的区间如图 6-25 所示。早高峰期间，14 号线西段各站原经 9、10 号线换乘进城的客流，可在 5 号线、8 号线、4 号线换乘进城，因此上述两线有关断面客流均有显著下降。预计 10 号线"纪家庙—草桥""草桥—角门西"的断面客流均下降 2284 人次/h。

此外，14 号线中段各区间因贯通运营的出行便捷性提升，将使中段各区间断面流量大幅提高，由此诱增的客流量最高达到 3719 人次/h（新开通运营区间基准方案的断面流量为 0）。

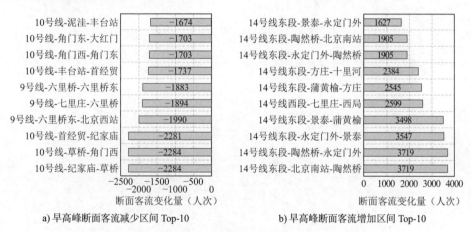

a) 早高峰断面客流减少区间 Top-10   b) 早高峰断面客流增加区间 Top-10

图 6-25 早高峰断面客流变化

(2) 换乘客流量变化。

由于线网格局的变化，早高峰时段原经西局、角西门、北京西站等车站换乘到达城市中心的客流可在北京南站、永定门外站、蒲黄榆等站换乘，故西局等站换乘客流小幅下降，而北京南站等站换乘客流量则有所增加（图 6-26）。同理，14 号线西段换入 9 号线、10 号线的客流显著降减少。

高峰期间客流变化较明显的车站、断面如图 6-27 所示。从该图可以看出，与 14 号线中段平行的既有线各区间、与 14 号线西段换出客流相关的各区间、与 14

号线西段有关的换乘车站，客流量均有所减少。14号线中段的开通，使得4号线、5号线、10号线东段作为高峰期间客流进城骨干的作用更加凸显。上述各线进城方向有关断面的客流量均有显著提高。

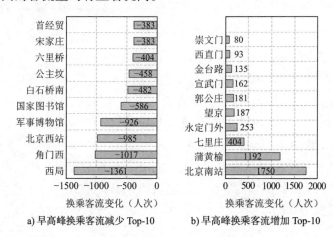

a) 早高峰换乘客流减少 Top-10　　b) 早高峰换乘客流增加 Top-10

图 6-26　早高峰换乘客流变化 Top-10

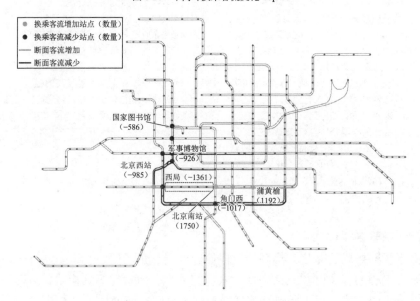

图 6-27　高峰断面及换乘客流变化示意图

（3）主要客流指标变化。

全线贯通运营后，本线的客运量与换乘量小幅增加，线网可达性的进一步提高同时也诱增了该线的出行总需求（表 6-21）。日客运量由 68.05 万人次/日，增加至 69.87 万人次/日（方案用于评估客流变化增量，新投入运营车站客流按 0 测算）。

14 号线东西段贯通前后线路客流主要指标对比　　　　表 6-21

方案		线路指标		
		进站量	客运量	换乘量
高峰 （万人次/h）	基准方案	4.77	10.39	5.62
	14 号线东西段贯通	4.92	10.66	5.74
全日 （万人次/日）	基准方案	36.76	68.05	31.29
	14 号线东西段贯通	37.78	69.87	32.10

14 号线全线贯通后，全网换乘系数（表 6-22）较基准方案略有下降，高峰期减少换乘量 0.47 万人次左右，全天则减少约 3.09 万人次。

14 号线东西段贯通前后线网客流换乘系数对比　　　　表 6-22

方案		指标			
		进站量	客运量	换乘量	换乘系数
高峰 （万人次/小时）	基准方案	90.52	166.24	75.71	1.84
	14 号线东西段贯通	90.52	165.76	75.24	1.83
全日 （万人次/日）	基准方案	572.57	1042.96	470.39	1.82
	14 号线东西段贯通	572.57	1039.87	467.30	1.81

6.3.5　9 号线与房山线跨线方案

本方案假定房山线和 9 号线跨线运营，设置阎东村—国家图书馆、阎东村—东管头南两个运行交路，如图 6-28 所示。

1）断面客流量变化

经测试，该方案条件下，线网高峰断面客流变化具有以下特点：

（1）9 号线断面客流显著增加，尤其是郭公庄—六里桥上行方向，高峰小时断面客流增加约 6500 人次；

（2）10 号线断面客流总体呈下降趋势，其中首经贸—宋家庄、首经贸—公主坟高峰断面客流降幅最大达

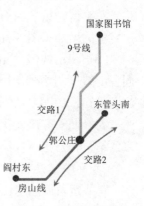

图 6-28　运行交路示意图

到4229人次/h（首经贸—丰台站区间）；

（3）房山线郭公庄至首经贸方向的断面客流下降最为明显，高峰断面客流降幅达到6500人次。

房山线去往1号线、4号线大兴线、6号线、7号线等线路的乘客，因出行便捷性提高（减少1次换乘），郭公庄—首经贸的断面客流降低，而9号线断面客流则有所增加。跨线运营条件下，全网高峰断面客流变化Top-10如图6-29所示。

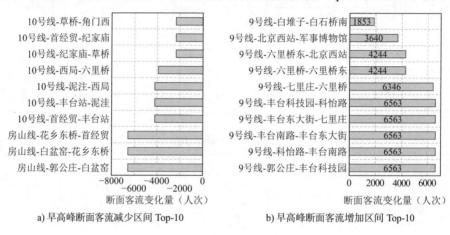

a) 早高峰断面客流减少区间 Top-10　　b) 早高峰断面客流增加区间 Top-10

图6-29　早高峰断面客流变化

2）换乘客流量变化

该方案条件下，高峰期间换乘客流变化具有以下特点：

（1）郭公庄站早高峰换乘客流大幅度降低（约1.7万人次）；

（2）跨线运营后，房山线可直接与1号线、4号线、6号线换乘，因此六里桥、军事博物馆、白石桥南、国家图书馆等9号线与其他线路换乘的换乘客流有一定量的增加（图6-30）；

（3）房山线经由10号线去往1号线、4号线、6号线、7号线的客流均有不同程度减少，因此房山线在首经贸换入10号线的客流明显减少，从分方向换乘客流图可知，10号线在公主坟站换入1号线的客流也有所减少。

高峰期间客流变化较明显的车站包括国家图书馆、军事博物馆、六里桥、北京西站、郭公庄、首经贸，变化明显的断面及车站如图6-31所示。

3）主要客流指标变化

跨线运营后，房山线与9号线的换乘总量和客运量均有下降。全线每日换乘量减少约8.66万人次，早高峰期间减少约1.78万人次（表6-23）。由于线网格局的变化及跨线运营对客流的吸引作用，房山线和 9 号线跨线运行全日客流较基准客流小幅增加。

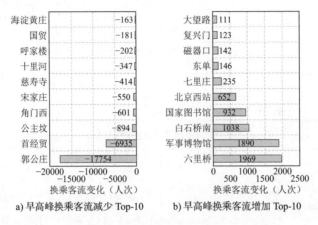

a) 早高峰换乘客流减少 Top-10　　　b) 早高峰换乘客流增加 Top-10

图 6-30　早高峰换乘客流变化 Top-10

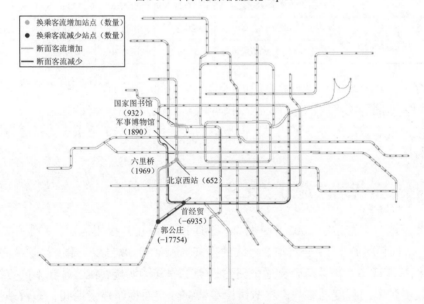

图 6-31　高峰断面及换乘客流变化示意图

跨线运营方案下，全网换乘系数由基准方案的日均 1.82 下降至 1.80，客运量由基准方案的 1042.96 万人次/日下降至 1032.30 万人次/日，早高峰换乘系数由 1.84 下降至 1.81。因贯通运营，线网每日换乘量减少约 10.66 万人次，高峰换乘量减少 2.08 万人次（表 6-24）。

客流指标对比 表 6-23

方案		线路指标		
		进站量	客运量	换乘量
高峰 （万人次/h）	基准方案	6.00	11.19	5.18
	房山线和9号线跨线运行	6.00	9.41	3.41
全日 （万人次/日）	基准方案	30.85	64.52	33.68
	房山线和9号线跨线运行	30.89	55.86	24.97

线网客流主要指标对比 表 6-24

方案		指标			
		进站量 （万人次）	客运量 （万人次）	换乘量 （万人次）	换乘系数
高峰	基准方案	90.52	166.24	75.71	1.84
	房山线和9号线跨线运行	90.52	164.16	73.63	1.81
全日	基准方案	572.57	1042.96	470.39	1.82
	房山线和9号线跨线运行	572.57	1032.30	459.73	1.80

综上，在实现跨线运营后，因线网部分车站间的出行便捷性提高，竞争性线路、相关断面客流将有所下降；因线网客流基数较大，单一跨线运营方案对于降低线网换乘系数的效果并不明显，但方案的实施可为近 10 万乘客提供更为便捷的出行服务。

6.3.6 霍营站改造方案比选

北京地铁霍营站于 2002 年 9 月 28 日随 13 号线正式投用运营，并于 2011 年 12 月 31 日起服务于 13 号线与 8 号线的换乘。近年来，8 号线贯通、昌平线南延、13 号线扩能改造、霍营综合交通枢纽建设等工程陆续实施，霍营站在不同方案实施阶段受到不同程度的影响。本节讨论霍营综合交通枢纽建设期间，霍营站换乘与否对线网客流分布的影响，以期为枢纽建设阶段的区域交通组织，特别是地铁运营组织提供参考。

本方案研究的基准数据为 2023 年 4 月北京轨道交通线网出行需求数据，即该时段内的线网 OD。通过搭建霍营站换乘与否两套静态客流分析模型，对比分析两种情形下线网主要客流指标的变化情况。

(1)断面客流量变化。

霍营站为 8 号线与 13 号线的唯一换乘站,若霍营站不可换乘,8 号线换乘至 13 号线的乘客,需要乘坐 8 号线通过其他线路进行换乘。因此,断面客流减少区间主要集中在 13 号线"望京西—五道口",且距离霍营站越近,断面客流减少量越大;断面客流增加区间主要集中在 8 号线"霍营—北土城",增加量最大为"森林公园南门—奥林匹克公园"区间,全日断面客流量增加 1.11 万人次。

受换乘条件变化影响,昌平线"朱辛庄—西二旗"区间早高峰断面客流增幅大于全日断面客流增幅,说明早高峰昌平线通过 8 号线换乘至 13 号线客流量较大。若霍营站不可换乘,该区间早高峰断面客流压力将面临增加。

霍营站不可换乘情形下,线网早高峰及全日断面客流量变化较大的区间如图 6-32 所示。

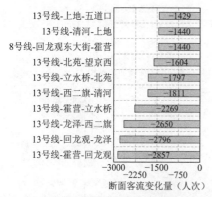

a) 13 号线早高峰断面客流减少 Top-10

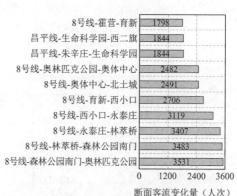

b) 8 号线早高峰断面客流增加 Top-10

c) 13 号线全日断面客流减少 Top-10

d) 8 号线全日断面客流增加 Top-10

图 6-32　早高峰及全日断面客流变化

（2）换乘客流量变化。

霍营不可换乘后，早高峰及全日线网车站换乘量变化情况如图6-33所示。早高峰及全日车站换乘客流减少量最多均为立水桥站；换乘客流增加量最多均为奥林匹克公园站。早高峰及全日车站换乘客流最大增加量均为最大减少量的2.2倍，有关车站的换乘总客流量总体呈现增加趋势。

图6-33　早高峰及全日换乘客流变化

8号线与13号线换乘的客流在霍营站不可换乘后，部分乘客通过15号线、昌平线、10号线换乘。受此影响，奥林匹克公园站、朱辛庄与西二旗站、北土城换乘客流量均有大幅度增加。此外，由于霍营站终止换乘后换入13号线的客流量显著减少，8号线经由13号线换入其他线路的客流量也有所下降。主要表现在：13号线换乘站立水桥、芍药居、知春路、望京西、西直门、东直门换乘客流量均有所减少。其中，早高峰期间立水桥站换乘客流量减少906人次。

（3）OD 对出行成本变化。

在霍营站不可换乘情形下，由于换乘便捷性受到影响，线网各 OD 对出行区间数量也有所变化。主要表现在，早高峰时段，814 个 OD 对的乘车区间数有所增加，占全网 OD 对总数的 0.77%，平均增加 2.8 个区间；237 个 OD 对的乘车区间数有所减少（但出行总成本增加），占全网 OD 对总数的 0.22%，平均减少 1.4 个区间；共有 1051 个 OD 对的乘车区间数有所变化，占全网 OD 对总数的 0.99%，平均增加 1.9 个区间。全日 OD 对乘车区间数变化趋势与早高峰相同，见表 6-25。

OD 对出行成本区间数变化指标　　　　　　　　　表 6-25

OD 对出行成本变化		时段	
		早高峰	全日
区间数增加	OD 对数	814	1223
	增加区间数	2.8	2.7
	占比	0.77%	0.94%
区间数减少	OD 对数	237	355
	减少区间数	−1.4	−1.5
	占比	0.22%	0.27%
区间数变化	OD 对数	1051	1578
	变化区间数	1.9	1.8
	占比	0.99%	1.21%

早高峰及全日乘车区间数增加的 OD 对 Top-20 见表 6-26 和表 6-27。乘车区间数增加较多的车站往往靠近霍营站，且主要集中在 5 号线、8 号线和 13 号线。这表明霍营站主要服务同线路换乘客流，且以服务邻近车站客流为主。

早高峰 OD 对出行成本区间数变化 Top-20　　　　　　表 6-26

起点		终点		区间数				客流量
站名	线路	站名	线路	可换乘	不可换乘	差值	增加比值	
天通苑	5 号线	回龙观东大街	8 号线	4	14	10	250%	5
回龙观东大街	8 号线	天通苑北	5 号线	5	15	10	200%	3
回龙观东大街	8 号线	天通苑南	5 号线	3	13	10	333%	2
天通苑南	5 号线	回龙观东大街	8 号线	3	13	10	333%	2
回龙观东大街	8 号线	天通苑	5 号线	4	14	10	250%	1

续上表

起点		终点		区间数				客流量
站名	线路	站名	线路	可换乘	不可换乘	差值	增加比值	
天通苑北	5号线	回龙观东大街	8号线	5	15	10	200%	1
立水桥	13号线	育新	8号线	2	10.5	8.5	423%	24
育新	8号线	立水桥	13号线	2	10.5	8.5	423%	4
育新	8号线	天通苑	5号线	4	12	8	200%	3
天通苑北	5号线	育新	8号线	5	13	8	160%	80
天通苑	5号线	育新	8号线	4	12	8	200%	59
平西府	8号线	立水桥南	5号线	4	12	8	200%	19
回龙观东大街	8号线	立水桥南	5号线	3	11	8	267%	18
天通苑南	5号线	育新	8号线	3	11	8	267%	12
平西府	8号线	天通苑南	5号线	4	12	8	200%	7
育新	8号线	天通苑北	5号线	5	13	8	160%	6
平西府	8号线	天通苑	5号线	5	13	8	160%	6
立水桥南	5号线	回龙观东大街	8号线	3	11	8	267%	2
育新	8号线	天通苑南	5号线	3	11	8	267%	2
立水桥南	5号线	平西府	8号线	4	12	8	200%	1

全日 OD 对出行成本区间数变化 Top-20　　表 6-27

起点		终点		区间数				客流量
站名	线路	站名	线路	可换乘	不可换乘	差值	增加比值	
天通苑	5号线	回龙观东大街	8号线	4	14	10	250%	27
回龙观东大街	8号线	天通苑	5号线	4	14	10	250%	19
回龙观东大街	8号线	天通苑南	5号线	3	13	10	333%	15
天通苑南	5号线	回龙观东大街	8号线	3	13	10	333%	12
回龙观东大街	8号线	天通苑北	5号线	5	15	10	200%	10
天通苑北	5号线	回龙观东大街	8号线	5	15	10	200%	8
立水桥	13号线	育新	8号线	2	10.5	8.5	423%	75
育新	8号线	立水桥	13号线	2	10.5	8.5	423%	74
天通苑北	5号线	育新	8号线	5	13	8	160%	153

续上表

起点		终点		区间数				客流量
站名	线路	站名	线路	可换乘	不可换乘	差值	增加比值	
育新	8号线	天通苑北	5号线	5	13	8	160%	129
天通苑	5号线	育新	8号线	4	12	8	200%	122
育新	8号线	天通苑	5号线	4	12	8	200%	94
回龙观东大街	8号线	立水桥南	5号线	3	11	8	267%	75
平西府	8号线	立水桥南	5号线	4	12	8	200%	66
立水桥南	5号线	回龙观东大街	8号线	3	11	8	267%	65
立水桥南	5号线	平西府	8号线	4	12	8	200%	57
天通苑南	5号线	育新	8号线	3	11	8	267%	28
育新	8号线	天通苑南	5号线	3	11	8	267%	28
平西府	8号线	天通苑南	5号线	4	12	8	200%	23
天通苑南	5号线	平西府	8号线	4	12	8	200%	19

（4）乘客出行成本变化。

为便于建模，本次分析以出行区间和换乘次数的线性组合作为乘客出行效用函数。

早高峰时段，9902人次乘车区间数有所增加，占全网客流量1%，平均增加3个区间；有1579人次乘车区间数有所减少，占全网客流量0.16%，平均减少1个区间；共有11481人次的乘车区间数有所变化，占全网客流量1.16%，平均增加2.4个区间。全日乘客乘车区间数变化量略小于早高峰时段，表明霍营站不可换乘情形下对通勤换乘需求影响较大。霍营站不可换乘情形下，乘客出行区间数量变化情况见表6-28。

乘客出行区间数变化　　　表6-28

乘客出行成本变化		时段	
		早高峰	全日
区间数增加	客流量（人次）	9902	50916
	增加区间数（个）	3	2.9
	占比	1%	0.83%
区间数减少	客流量（人次）	1579	9178
	减少区间数（个）	−1	−1.1
	占比	0.16%	0.15%

续上表

乘客出行成本变化		时段	
		早高峰	全日
区间数变化	客流量（人次）	11481	60094
	变化区间数（个）	2.4	2.3
	占比	1.16%	0.98%

（5）主要客流指标变化。

霍营站不可换乘情形下，有关线路主要客流指标变化情况见表6-29。霍营站不可换乘情形下，由于换乘需求减少，8号线和13号线的进站量、客运量、换乘量均有所减少。其中，13号线客流减少幅度更为显著，全日客运量减少达到2.6万人次。昌平线则由于霍营站的换乘需求转移至西二旗或清河站，主要客流指标均有所增加，全日客运量增加约1.12万人次。

部分线路客流指标对比　　　　　　　　　　表6-29

方案			线路指标		
			进站量	客运量	换乘量
8号线	高峰（万人次/h）	可换乘	6.02	8.84	2.81
		不可换乘	6	8.8	2.8
		差值	−0.02	−0.04	−0.01
	全日（万人次/日）	可换乘	36.09	60.41	24.32
		不可换乘	35.97	60.18	24.21
		差值	−0.12	−0.23	−0.11
13号线	高峰（万人次/h）	可换乘	5.01	9.57	4.56
		不可换乘	4.98	9.04	4.06
		差值	−0.03	−0.53	−0.5
	全日（万人次/日）	可换乘	28.32	55.89	27.57
		不可换乘	27.85	53.29	25.45
		差值	−0.47	−2.6	−2.12
昌平线	高峰（万人次/h）	可换乘	4.37	5.52	1.15
		不可换乘	4.4	5.74	1.34
		差值	0.03	0.22	0.19

续上表

方案		线路指标		
		进站量	客运量	换乘量
昌平线	全日（万人次/日）	可换乘	20.95	32.62	11.67
		不可换乘	21.21	33.74	12.52
		差值	0.26	1.12	0.85

此外，霍营站不可换乘情形下，由于线网换乘便捷性降低，全网换乘量及客运量均有所增加。但由于单一换乘节点换乘总需求有限，霍营站不可换乘情形下，线网全日主要客流指标变化并不显著，见表6-30。

线网客流主要指标对比　　　　表6-30

方案		指标			
		进站量（万人次）	客运量（万人次）	换乘量（万人次）	换乘系数
高峰	可换乘	97.22	172.56	75.34	1.77
	不可换乘	97.22	172.59	75.36	1.77
	差值	0	0.03	0.02	0
全日	可换乘	603.7	1068.07	464.37	1.77
	不可换乘	603.7	1068.29	464.59	1.77
	差值	0	0.22	0.22	0

6.4　线网多层次运力负荷评估

6.4.1　线网运力负荷评估

（1）基础数据。

根据前述章节构建的运力负荷评估体系，线网运力负荷评估以区间满载率为基础指标，可按照如下格式整理基础数据。为评估线路分方向的运力负荷，基础数据应包含分方向的断面客流量、满载率等指标。区间满载率基础数据表见表6-31。

区间满载率基础数据表 表6-31

线路	方向	区间	客流量（人次/h）	运能（人次/h）	满载率
1号线	上行	四惠—四惠东	7059	43200	16.30%
1号线	上行	苹果园—古城	4030	44640	9.00%
1号线	上行	古城—八角游乐园	9151	43200	21.20%
1号线	上行	八角游乐园—八宝山	13521	43200	31.30%
…	…	…	…	…	…

基于满载率的分析，可对满载率进行分段统计各满载率分段的区间数量、分段区间数量占全网区间数量的比例等，见表6-32，该表为线路和线网运力负荷评估的基础数据表。

满载率分段占比统计表 表6-32

满载率分段	北京	广州	郑州	西安	哈尔滨	杭州
0.0~0.1	18%	17%	7%	16%	14%	16%
0.1~0.2	12%	14%	22%	13%	32%	18%
0.2~0.3	14%	16%	31%	12%	14%	18%
0.3~0.4	12%	16%	10%	18%	26%	17%
0.4~0.5	12%	10%	5%	13%	6%	10%
0.5~0.6	7%	9%	7%	7%	6%	6%
0.6~0.7	7%	6%	7%	12%	2%	4%
0.7~0.8	6%	5%	3%	6%	0%	4%
0.8~0.9	6%	4%	5%	1%	0%	6%
0.9~1.0	3%	1%	3%	1%	0%	1%
1.0~1.1	3%	1%	0%	1%	0%	0%
1.1~1.2	1%	1%	0%	1%	0%	0%
1.2~1.3	1%	0%	0%	0%	0%	0%
1.3~1.4	0%	0%	0%	0%	0%	0%
≥1.4	0%	0%	0%	0%	0%	0%

在统计各分段满载率区间数量占比后,根据选取的权重系数,即可计算得到线网运力负荷指数。

(2)评估结果。

应用线网运力负荷评估方法,选取北京、广州、西安、郑州、杭州、哈尔滨6座处于不同发展阶段、不同线网规模的城市进行案例分析,验证评估方法的适用性。各城市线网区间满载率分布及运力负荷指数计算结果如表6-33、图6-34所示。

各城市网区间满载率分布及运力负荷评估表　　　　表6-33

城市	区间满载率分布						运力负荷指数	运力负荷等级
	0~30%	30%~50%	50%~70%	70%~100%	100%~120%	120%以上		
北京	43.0%	23.5%	14.1%	15.1%	3.8%	0.6%	8.9	E
广州	46.8%	25.4%	14.5%	10.5%	1.9%	0.9%	7.0	D
西安	41.1%	30.6%	18.9%	7.8%	1.7%	0.0%	6.3	D
郑州	60.1%	14.9%	13.7%	11.3%	0.0%	0.0%	5.8	C
杭州	52.7%	26.6%	10.1%	10.6%	0.0%	0.0%	5.2	C
哈尔滨	60.0%	32.0%	8.0%	0.0%	0.0%	0.0%	2.4	B

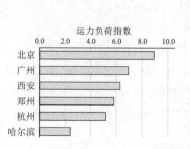
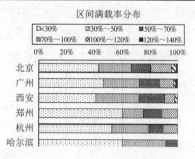

图6-34　线网运力负荷评估案例

评估结果显示,6座城市地铁线网运力负荷指数仅有北京达到了8.0以上,评估等级为E;广州、西安评估等级为D级,郑州、杭州评估等级为C级,哈尔滨评估等级为B级。线网运力负荷评估方法适用于不同发展阶段、不同网络规模的城市轨道交通系统。

6.4.2 线路运力负荷评估

（1）基础数据。

根据运力负荷评估指标体系，线路运力负荷评估的基础指标为区间满载率，数据格式可参照线网运力负荷评估基础数据整理。

沿用前述线网运力负荷评估的基础数据进行线路运力负荷评估。

（2）北京。

2019年，北京市运营轨道交通线路21条，其中14号线西段、东段当时未贯通运营，因此对14号线西段、14号线东段分别评估。

评估结果显示，八通线运力负荷指数最高，表明其运力供需矛盾最为突出；其次为13号线、9号线。对比满载率区间分布可知，八通线满载率超过120%的区间数量占比最高；13号线、9号线最大满载率虽然未超过120%，但其高满载区间数量占比较高，因此运力负荷指数排名前列。

从线路客运量角度分析，北京市轨道交通客运量最大的线路是10号线，工作日客运量达到178.0万人次/日，客运强度3.12万人次/日·km。相比之下，八通线、13号线、9号线的日客运量分别为29.5万人次/日、73.1万人次/日、59.4万人次/日，客运强度分别为1.55万人次/日·km、1.79万人次/日·km、3.60万人次/日·km。10号线虽然客流量最大，但运力负荷指数并非最高，分析其原因如下：一是10号线线路长、区间较多，大部分区间的运力矛盾并不突出；二是八通线与1号线衔接，早高峰主要承担通勤客流需求，线路断面方向不均衡系数高、进城方向断面客流量大，运力矛盾突出，因此综合来看10号线运力负荷指数反而低于八通线。

从线路运力负荷评估结果来看，运力负荷指数综合考虑了线路所有区间的满载率，通过给与满载率较高的区间以更高的权重，综合表征线路运力负荷状况；相比最大断面满载率指标，运力负荷指数可以把多个区间超满载的情况纳入考虑，更加符合乘客出行体验和运营管理实际业务需求。线路运力负荷评估案例（北京）如图6-35所示。

（3）广州。

2019年，广州市运营轨道交通线路14条，其中三号线与三号线北延段按1条线计算，如图6-36所示。三号线（含三北线）是广州轨道交通客流量最大的线路，工作日客运量达到220万人/日，客运强度为3.2万人次/km·日。

运力负荷评估结果显示，广州三号线的运力负荷最高，达到E级；与之对应，三号线的最大满载率和满载率区间占比均高于其他线路。

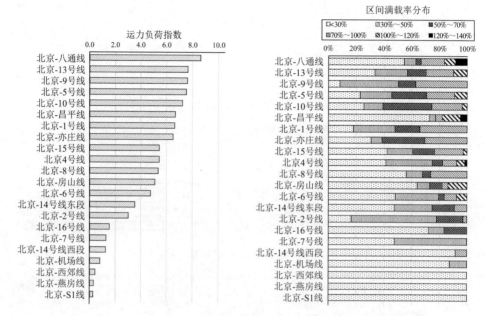

图 6-35 线路运力负荷评估案例（北京）

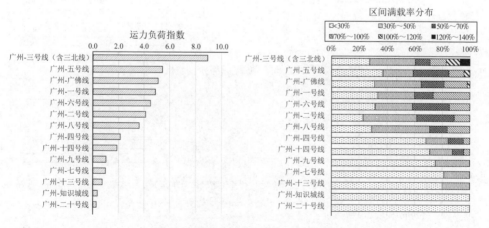

图 6-36 线路运力负荷评估案例（广州）

（4）其他城市。

2019 年，西安、郑州、杭州运营线路均为 4 条，哈尔滨运营线路 2 条；这些城市轨道交通尚未形成网络化规模效应，客流量相对较小，运力负荷指数大部分在 C 级及以下，如图 6-37～图 6-40 所示。

175

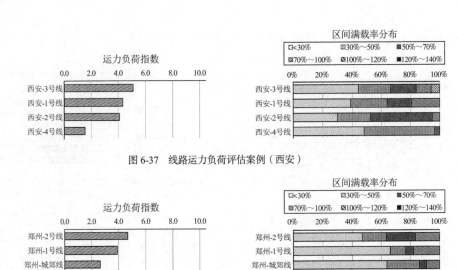

图 6-37 线路运力负荷评估案例（西安）

图 6-38 线路运力负荷评估案例（郑州）

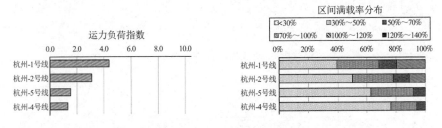

图 6-39 线路运力负荷评估案例（杭州）

图 6-40 线路运力负荷评估案例（哈尔滨）

（5）各城市汇总分析。

对 6 座城市各条线路的评估结果显示，采用本指标体系能够有效评估线路运力负荷程度。北京八通线、广州三号线（含三北线）运力负荷等级达到 E 级，行业管理部门和运营公司应重点关注、加强管理保障；同时，仍有不少线路的运力负荷等级处于 A 级，反映其客流效益相对较差。各城市线路运力负荷评估结果汇总如图 6-41 所示。

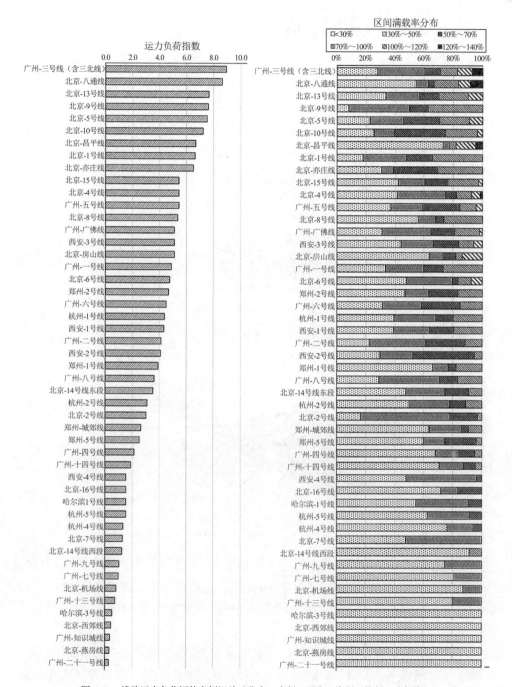

图 6-41 线路运力负荷评估案例汇总（北京、广州、西安、郑州、杭州、哈尔滨）

6.4.3 车站运力负荷评估

以北京地铁4号线西单站为例,进行车站运力负荷评估分析,验证车站运力负荷评估算法的适用性。

1)车站建模

西单站是4号线与1号线的换乘站,4号线为岛式站台、南北分离式站厅结构,北站厅单向换乘通道为1号线至4号线方向,南站厅单向换乘通道为4号线至1号线方向。4号线西单站示意图如图6-42所示。

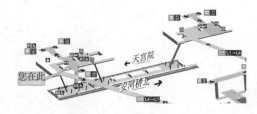

图6-42 4号线西单站示意图

建立4号线西单站车站模型,如图6-43所示。

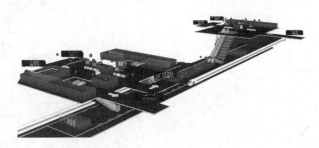

图6-43 4号线西单站车站模型

2)数据获取

车站运力负荷评估以车站关键设施设备(站台、换乘通道、楼梯、自动扶梯、安检设备和闸机)的客流需求量作为基础数据,此类数据无法通过AFC数据直接分析获取。可采用车站综合监控视频数据,通过视频分析算法获取车站关键设施设备的客流数据。

车站运力负荷指标体系中,站台为容纳类设施,换乘通道、楼梯、自动扶梯、安检设备、闸机均为通过类设施设备,两类设施设备的负荷度计算方法、基础数据获取方法有所不同。

（1）计算站台负荷度，需获取某一时刻站台区域的乘客数量，可采用站台监控视频数据、经人群密度分析类算法分析得到站台乘客数量，进而计算得到站台负荷度指标。

（2）计算换乘通道负荷度、楼梯负荷度、自动扶梯负荷度、安检设备负荷度、闸机负荷度，需获取一定时间内通过设施设备的客流量，可采用对应区域的监控视频数据、经行人检测类算法分析得到通过关键设施设备的客流量，进而计算得到负荷度指标。

本案例中，车站运力负荷评估基础数据通过视频监控数据分析得到。如图6-44所示。

图6-44 基于行人检测算法（左）、人群密度算法（右）的视频分析效果图

3）运力负荷评估

早高峰时段，换乘客流以4号线换入1号线进城方向为主，南厅换乘上行扶梯负荷度最高；晚高峰时段，换乘客流以1号线换入4号线为主，北厅下行扶梯负荷度最高。总体而言，西单站换乘客流需求和设施能力供给矛盾最突出，早高峰时段换乘设施负荷等级达到E级。

北京地铁4号线西单站车站运力负荷评估结果见表6-34、表6-35。采用本书提出的评估方法，既能评估车站各设施设备的运力负荷状况，也能够评估车站综合的运力负荷水平，结果以定量化的设施设备负荷度、车站运力负荷指数表现。

车站设施设备负荷度指标计算　　　　　　　　　表6-34

评估对象		早高峰时段		晚高峰时段	
		客流密度（人/m²）	负荷度	客流密度（人/m²）	负荷度
站台	候车区	1.05	0.48	1.45	0.64
	流动区	1.35	0.87	0.94	0.78

续上表

评估对象		早高峰时段		晚高峰时段	
		客流密度（人/m²）	负荷度	客流密度（人/m²）	负荷度
换乘通道	1换4通道	152	0.36	192	0.46
	4换1通道	248	0.6	131	0.31
楼扶梯	南厅换乘上行楼梯	112	0.71	59	0.43
	南厅换乘上行扶梯	148	1.11	72	0.53
	北厅混行楼梯	76	0.61	91	0.82
	北厅上行扶梯	61	0.45	25	0.19
	北厅下行扶梯	130	0.93	140	1.03
	南厅混行楼梯	14	0.12	6	0.05
	南厅上行扶梯	57	0.42	24	0.17
	南厅下行扶梯	12	0.09	37	0.35
安检	北厅安检	14	0.15	45	0.48
	南厅安检	12	0.12	37	0.4
闸机	北厅进站闸机	14	0.09	45	0.28
	北厅出站闸机	87	0.54	36	0.22
	南厅进站闸机	12	0.07	37	0.23
	南厅出站闸机	72	0.44	30	0.18

车站运力负荷等级评估　　　　　　表 6-35

评估对象	早高峰时段		晚高峰时段	
	运力负荷	运力负荷等级	运力负荷	运力负荷等级
站台	0.87	D	0.78	C
换乘设施	1.02	E	0.92	D
车站	0.82	D	0.65	C

6.5　车站客流运行及疏散仿真评估

根据《城市轨道交通运营管理规定》（交通运输部部令 2018 年第 8 号）的有

关规定，初期运营阶段是指城市轨道交通工程项目通过初期运营前安全评估后、获准正式运营前，运营企业开展运输组织工作的特定时段。该阶段是城市轨道交通系统从工程建设到投入正式运营实践的重要过渡阶段，也是线路从无到有面向乘客开展运输组织的重要运营阶段。

鉴于该阶段的特殊性，国家和部委就运营安全评估、行车组织、客运组织、应急处置等做了若干要求和规定。其中，交通运输办公厅印发的《城市轨道交通初期运营前安全评估技术规范 第 1 部分：地铁和轻轨》通知明确指出，轨道交通初期运营线路"应具有大客流车站（含各种交路折返车站和停车功能的车站）站台至站厅或其他安全区域的疏散楼梯、用作疏散的自动扶梯和疏散通道的通过能力模拟测试报告，核验超高峰小时一列进站列车所载乘客及站台上的候车人员能在 6min 内全部疏散至站厅公共区或其他安全区域、公共区乘客人流密度等参数是否符合乘客疏散和安全运营要求"。此外，有关文件还对城市轨道交通车站拟开通运营的出入口数量、站台面积、通道宽度、换乘条件、站厅容纳能力等设施、设备能力，从保障运营安全角度做出了规定。开展初期运营阶段大客流车站的客流仿真评估，对于做好运营安全筹备具有积极意义。

本部分以某市拟开通运营的换乘车站为例，基于车站预测客流，进行客流运行仿真评估、楼扶梯能力校验和疏散能力仿真评估，探讨车站客流运行及疏散仿真评估技术的工程应用。

6.5.1 研究内容及方法

仿真研究以客流预测数据为基础，测试分析车站客流运行状态，并对疏散楼梯、用作疏散的自动扶梯和疏散通道的通过能力进行模拟测试。仿真评估内容包括：

（1）检验超高峰小时 1 列进站列车所载乘客及站台上的候车人员是否能在 6min 内全部疏散至站厅公共区或其他安全区域。

（2）公共区乘客人流密度等参数是否符合乘客疏散和安全运营要求。

研究步骤如下：

①处理车站 CAD 平面图或车站 SketchUp 立体结构图；

②导入 CAD/SU 模型后，建立车站设施设备模型；

③设定仿真参数（如行人相关参数、闸机服务参数、客流量、列车参数等）；

④建立客流在站运行逻辑图；

⑤运行常态仿真，在仿真运行平稳后核验车站平均密度、最大密度等指标，分析常态运行的车站状态，并按照行人正常走行速度进行客流运行仿真，并分析客流组织情况；

⑥改变相关参数，运行车站客流应急疏散仿真，核验疏散楼扶梯和疏散通道的通过能力，检验超高峰小时内一列进站列车所载乘客及站台上的候车人员能否在6min全部疏散至站厅公共区或其他安全区域；

⑦分析评价仿真结果。

6.5.2 车站概况

1）基本情况

M站是某市轨道交通1号线与2号线的换乘站，两线站台采用T形换乘。其中1号线设双停车线，2号线设单渡线，1号线与2号线间设置联络线。

车站设有六个出入口，A出入口位于站厅非付费区西北方向，B出入口位于站厅非付费区西南方向，C出入口位于站厅非付费区东南方向，D出入口位于站厅非付费区东北方向，并将站厅层分为两个售检票区。在付费区西侧，有宽均为1m的公共区1号、2号扶梯（上行）和宽为2m的公共区1号楼梯；在付费区东侧，有宽为2m的公共区2号楼梯和宽1m的公共区3号扶梯（上行）与4号扶梯（下行）。在付费区中间区域有一个L形楼梯，东、北楼梯宽度均为1.8m，如图6-45所示。

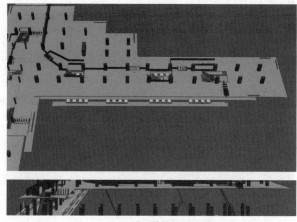

a) M站立体结构图

图 6-45

第 6 章 应用案例

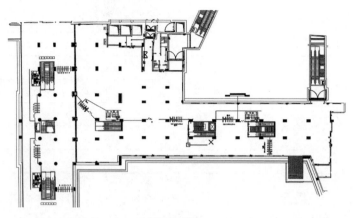

b) 站厅层

c) 1 号线站台层

d) 2 号线站台层

图 6-45 M 站结构图

2）客流及行车组织

根据客流预测，M 站开通运营后，全天及高峰的进、出站量见表 6-36。该站日进、出站客流约 0.64 万人次/日，其中高峰进站量约为 565 人次/h。

各方向进出站量　　　　　表 6-36

时段	线路	方向	进站（人次）	出站（人次）
全日	1 号线	方向 1	3262	2789
		方向 2	2787	3216
	2 号线	方向 1	44	287
		方向 2	285	44
		小计	6377	6337

183

续上表

时段	线路	方向	进站（人次）	出站（人次）
高峰	1号线	方向1	347	706
		方向2	189	527
	2号线	方向1	2	44
		方向2	28	9
		小计	565	1286

各方向全天换乘量和高峰小时换乘量如图 6-46 所示。其中，高峰期间通道换乘流量最大约 493 人次/h；全日通道换乘流量最大约为 4942 人次/日。

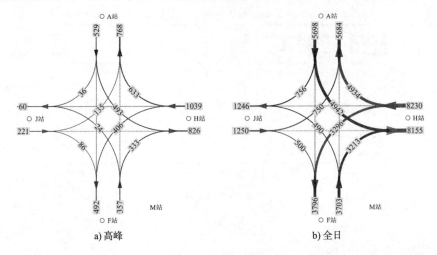

图 6-46 M 站换乘量示意图

行车组织方面，列车编组为 4B，1 号线行车间隔为高峰 6min，平峰 8min，上下行列车均在此站停站 30s。2 号线行车间隔为 8min，上下行列车均在此站停站 40s。

3）车站流线分析

（1）进站客流。

从 A、B、C、D、E、F 出入口进入站厅层的非付费区后，通过最近的闸机检票进站。付费区的乘坐 1 号线的乘客可以利用 1 号楼梯、2 号楼梯、4 号扶梯、1 号电梯到达地下一层 1 号线站台层。付费区乘坐 2 号线的乘客可以利用西侧楼扶梯、西侧中央楼梯到达地下二层 2 号线站台层。从 2 号线换乘 1 号线的乘客从中间楼梯层进入。1 号线进站客流线如图 6-47 所示。

第6章 应用案例

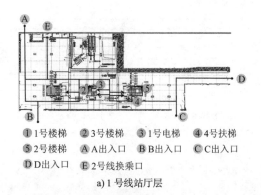

① 1号楼梯　② 3号楼梯　③ 1号电梯　④ 4号扶梯
⑤ 2号楼梯　Ⓐ A出入口　Ⓑ B出入口　Ⓒ C出入口
Ⓓ D出入口　Ⓔ 2号线换乘口

a) 1号线站厅层

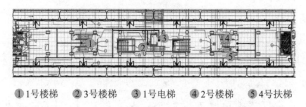

① 1号楼梯　② 3号楼梯　③ 1号电梯　④ 2号楼梯　⑤ 4号扶梯

b) 1号线站台层

图6-47　M站1号线进站客流流线图

（2）出站客流。

出站乘客可以利用1号扶梯、2号扶梯、3号扶梯、1号楼梯、2号楼梯、1号电梯到达站厅层，并就近从对应的出站闸机出站。乘坐2号线的乘客可以利用西侧扶梯到达站厅层，就近闸机出站。1号线出站客流线如图6-48所示。

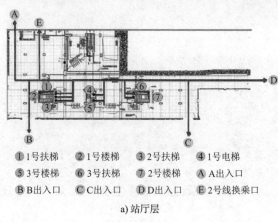

① 1号扶梯　② 1号楼梯　③ 2号扶梯　④ 1号电梯
⑤ 3号楼梯　⑥ 3号扶梯　⑦ 2号楼梯　Ⓐ A出入口
Ⓑ B出入口　Ⓒ C出入口　Ⓓ D出入口　Ⓔ 2号线换乘口

a) 站厅层

图　6-48

185

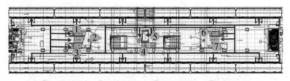

①1号扶梯　②1号楼梯　③2号扶梯　④3号楼梯
⑤1号电梯　⑥3号扶梯　⑦2号楼梯

b) 站台层

图 6-48　M 站出站客流流线图

（3）换乘客流。

2 号线换乘 1 号线的乘客可以利用 1 号扶梯、2 号扶梯、3 号扶梯、1 号楼梯、2 号楼梯、1 号电梯到达站厅层，再利用西侧楼扶梯到达 1 号线站台完成换乘，或者通过 1, 2 号线之间的大楼梯完成换乘；1 号线换乘 2 号线的乘客可以利用西侧楼扶梯到达站厅层，然后利用 1 号扶梯、2 号扶梯、3 号扶梯、1 号楼梯、2 号楼梯、1 号电梯进入 2 号线站台层完成换乘，或者通过 1, 2 号线之间的大楼梯完成换乘。具体换乘流线如图 6-49 所示。

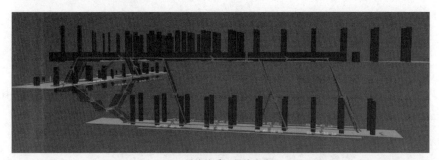

a) 1 号线换乘 2 号线客流

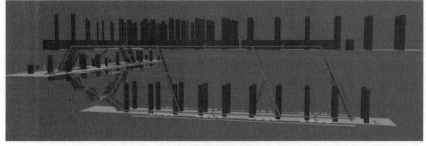

b) 2 号线换乘 1 号线客流

图 6-49　M 站换乘客流流线图

6.5.3 车站客流运行仿真评估

1) 站内客流密度分析

仿真 15min 后车站客流时空分布达到相对稳定状态，此时进行日常客流组织的平均密度、最大密度分布等情况的分析。

(1) 平均密度。

图 6-50 为仿真时段内车站站厅和站台层人流的平均密度。从该图可以看出，站厅层的平均密度处于 0.6~2.6 人/m²，为自由流状态。站台层 1 号线西侧北扶梯客流密度明显较高，平均密度值在 2.6 人/m² 以上，即行人的移动方向可能受限制，逆向人流以及交叉人流仅产生较小冲突。这是由于站台出站的乘客就近选择扶梯等候区域产生的。

其他楼扶梯及换乘楼梯平均密度处于 1.3~2.0 人/m²，处于轻度拥挤状态。

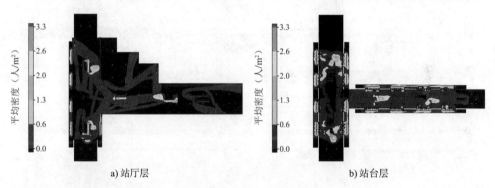

a) 站厅层　　　　　　　　　　　　　　b) 站台层

图 6-50　M 站平均密度情况

(2) 最大密度。

图 6-51 为仿真时段内车站站厅和站台层人流的平均密度。从该图可以看出，站台与 1 号楼扶梯、站台与 2 号楼扶梯、2 号线西侧楼扶梯和 1 号线北侧出站闸机为最大密度较高的地方，其最大密度值约为 3.3 人/m² 以上。此时，行人的移动方向受到限制，逆向人流与交叉人流移动比较困难，需要中途停顿来避免冲突。

2) 站内关键位置识别

结合前文分析的最大密度指标综合考量，可以识别出可能潜在的一些关键位置，从而进行深入的安全评估。如图 6-52 所示，潜在的关键位置包括站台与 2 号楼扶梯，西侧扶梯与站台、出站闸机。

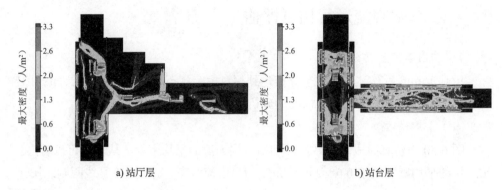

图 6-51　M 站最大密度情况

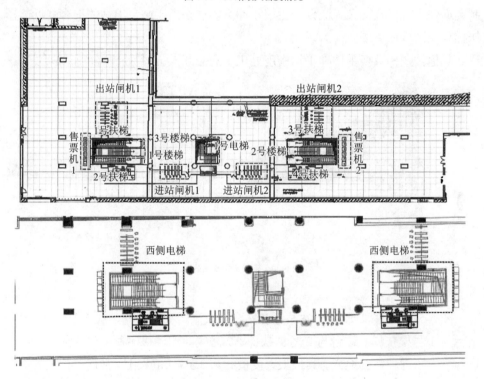

图 6-52　M 站关键位置

3）关键点段客流疏散时间分析

以远期超高峰小时客流和行车组织方案为输入条件。在客流状态趋向于稳定（车站内除站台等候区外较少出现超过 2min 的拥堵，局部存在短时拥挤），且有列车进站时启动疏散。

针对前文得到的潜在的关键位置，测量其客流常态下的疏散时间，通过多次仿真来得到相应的疏散时间均值，结果见表 6-37。

M 站关键点段平均疏散时间　　　　表 6-37

关键点段	平均疏散时间（s）	设备服务时间（s）
2 号扶梯	86	Uniform（2，3）
西侧扶梯北	62	Uniform（2，3）
西侧扶梯南	58	Uniform（1，3）
1 号线出站闸机	125	Uniform（1，3）

注：Uniform（2，3）表示设备服务时间服从 2s～3s 的均匀分布。

由表可得关键点段的客流疏散时间，疏散时间包括行人在靠近设备时减速慢行的时间，在高峰时段 M 站各区域行人疏散时间均符合疏散要求。

4）关键点段最大聚集人数分析

由仿真结果可知，站台与 2 号线扶梯，以及西侧楼梯与站台处为最大密度较高的地方，聚集人数较多，其最大密度值约为其值约 $3.3/m^2$，行人的移动方向受到限制，逆向人流与交叉人流移动非常困难，需要中途停顿来避免冲突。

对于前文分析得到的几处关键点段统计随时间变化的人数，从而更直观地分析该点段的最大聚集人数。仿真模型运行 900s，得到的各关键点段聚集人数的时间柱状图如图 6-53 所示。

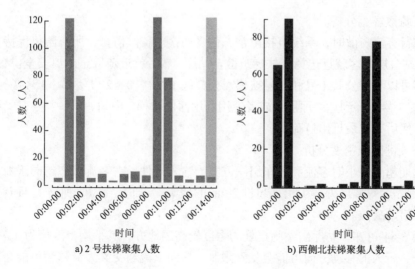

a) 2 号扶梯聚集人数　　　　b) 西侧北扶梯聚集人数

图 6-53

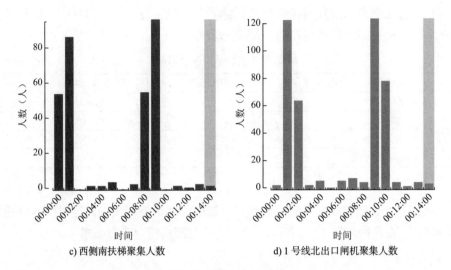

图 6-53 关键点段聚集人数柱状图

可以看到，M 站在高峰小时内，在一个仿真周期中密度相对较大的几个潜在的关键点段，最大的聚集人数为 90～120 人，持续时间适中，可以自行疏散开，因此 M 站的客流量属于一般拥堵。

6.5.4 车站客流应急疏散仿真评估

（1）疏散客流分析。

当进行客流疏散时，系统直接由常态仿真切换至疏散仿真，所有闸机保持打开状态，站台层乘客就近选择楼扶梯疏散至站厅，然后就近疏散至出口安全位置。下车乘客可以利用公共 1 号和 2 号扶梯、公共区 1 号楼梯、2 号楼梯、3 号楼梯、3 号扶梯、1 号电梯到达站厅层，或者使用利用西侧扶梯、中间一扶一楼、东侧两扶一楼，然后寻找最近出口疏散。

（2）关键区域密度分析。

以远期超高峰小时客流和行车组织方案为输入条件。在客流状态趋向于稳定（车站内除站台等候区外较少出现超过 2min 的拥堵，局部存在短时拥挤），且有列车进站时启动疏散。

由图 6-54 可知，站厅出站闸机处为密度较高的地方，其平均密度值为 1.7～2.2 人/m²，行人的移动方向可能会受到限制。逆向人流与交叉人流移动可能会困难，需要中途停顿来避免冲突。

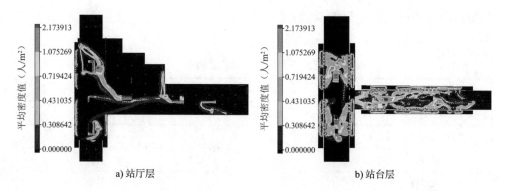

图 6-54　应急疏散状态下站内关键点域密度分析

（3）车站瓶颈位置识别。

根据仿真结果分析，车站疏散瓶颈位置为 1 号线站台出站闸机和 1 号扶梯处，平均密度值约为 2.17 人/m² 以上，如图 6-55 所示。

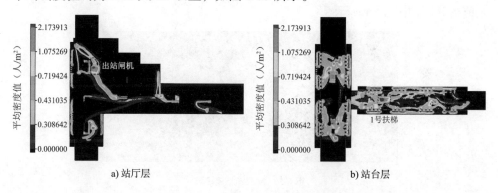

图 6-55　应急疏散状态下车站瓶颈位置

（4）疏散能力校核。

以远期超高峰小时客流和行车组织方案为输入条件。在客流状态趋向于稳定（车站内除站台等候区外较少出现超过 2min 的拥堵，局部存在短时拥挤），且有列车进站时启动疏散。系统直接由常态仿真切换至疏散仿真，所有闸机保持打开状态，站台层乘客通过最近的扶梯疏散至站厅后再疏散至最近的出入口或安全区域。

设置一个周期内，从 1 号线站台到 2 号线站台人数为 101 人，疏散需要时间为 36s，从 2 号线站台到 1 号线站台人数为 158 人，疏散需要时间为 51s。1，2 号线站台下车总人数为 672 人，以最后一名乘客疏散到出入口或安全区域为止，总疏散时间为 4min 33s（设置疏散人群速度为 1.16~1.51m/s，比实际值小），小于国家规定的 6min 上限，见表 6-38。

M 站不同区域平均疏散时间　　　　　　　　　表 6-38

区域	平均疏散时间（s）	校验评定
1 号线站台→2 号线站台	36	符合
2 号线站台→1 号线站台	51	符合
1 号线站台→站厅	149	符合
2 号线站台→站厅	113	符合
站厅→出入口	201	符合
总疏散时间	273	符合

疏散模型设置将进出站闸机设置放开，楼扶梯设置为上行，安检口设置放开，最终流线图如图 6-56 所示。

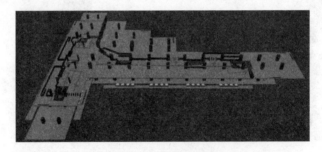

图 6-56　M 站疏散流线图

参 考 文 献

[1] 四兵锋, 毛保华, 刘智丽. 无缝换乘条件下城市轨道交通网络客流分配模型及算法[J]. 铁道学报, 2007, 29(6): 12-17.

[2] 徐瑞华, 罗钦, 高鹏. 基于多路径的城市轨道交通网络客流分布模型及算法研究[J]. 铁道学报, 2009, 31(2): 110-113.

[3] 李志纯, 黄海军. 随机交通分配中有效路径的确定方法[J]. 交通运输系统工程与信息, 2003, 3(1): 28-31.

[4] LEURENT F. Curbing the computational difficulty of Logit equilibrium assignment model[J]. Transportation Research-B, 1997, 31: 315-326.

[5] N. J. VAN DER ZIJPP. Path enumeration by finding the constrained K-shortest paths[J]. Transportation Research Part B. 2005(39): 544-563.

[6] 唐宁九, 等. 数据结构与算法分析[M]. 成都: 四川大学出版社, 2006.

[7] 陆化普. 交通规划理论与方法[M]. 北京: 清华大学出版社, 2006.

[8] 邵昀泓, 等. 出行方式决策的随机效用模型研究[J]. 公路交通科技, 2006, 23(8): 110-115.

[9] 吴娇蓉, 冯建栋, 王昊. 上海世博园区客运码头人流组织方案及适应性分析[J]. 同济大学学报: 自然科学版, 2011, 39(1): 62-67.

[10] 李得伟. 城市轨道交通枢纽乘客集散模型及微观仿真理论[D]. 北京: 北京交通大学, 2007.

[11] 曹守华, 袁振洲, 张驰清, 等. 基于乘客感知的城市轨道交通通道服务水平划分[J]. 交通运输系统工程与信息, 2009, 9(2): 99-104.